KÖLN MACHT PAUSE

Die besten Ideen für kleine Auszeiten

Verena Koll

Mit Fotografien
von Martina Goyert

KÖLN macht PAUSE

Die besten Ideen für
kleine Auszeiten

J.P. BACHEM VERLAG

Bildnachweis

Alte Bekannte/Costa Belibasakis (Seite 140), Eierplätzchenband/Robert Lippke (Seite 113), Hochschule für Musik und Tanz Köln (Seiten 14, 15), KölnBäder GmbH (Seite 47), Ne Bergische Jung/Michael Schopps (Seiten 8, 9), Museum für Ostasiatische Kunst/Malinka (Seiten 119, 120)

Bibliografische Information der Deutschen Nationalbibliothek
Die Deutsche Nationalbibliothek verzeichnet diese Publikation in der Deutschen Nationalbibliografie; detaillierte bibliografische Daten sind im Internet über http://portal.dnb.de abrufbar.

1. Auflage 2019

Lektorat: Philine Lissner, Köln
Layout: Petra Drumm, Köln
Layoutumsetzung: Jeanette Frieberg, Buchgestaltung | Mediendesign, Leipzig
Übersichtskarte: Geoinformationen © Outdooractive
© OpenStreetMap (ODbL) – Mitwirkende – www.openstreetmap.org
Druck und Bindung: Belvédère, Niederlande

ISBN 978-3-7616-3260-4 Buchausgabe
ISBN 978-3-7616-3408-0 EPUB
ISBN 978-3-7616-3410-3 PDF
ISBN 978-3-7616-3409-7 MOBI

Aktuelle Programminformationen finden Sie unter www.bachem.de/verlag

Auch als eBook erhältlich

FSC
www.fsc.org
MIX
Papier aus verantwortungsvollen Quellen
FSC® C016391

INHALT

Pause. Ein Grußwort.

Nein, ich werde jetzt auf keinen Fall mit dem berühmten Werbespruch kommen: „Mach' mal Pause ..." – und dann der Name von so 'nem Getränk. Nein.

Aber „Pause" ist tatsächlich eines meiner Lieblingswörter. Ist es doch das Wort der erlösenden Unterbrechung von Anstrengung. Schon in der Grundschule freute ich mich auf die Schulglocke zur „großen Pause". Dann war Spielen, Toben und Butterbrot angesagt.

Ein Theologe hat mal gesagt: „Die beste Beschreibung für Religion ist: Unterbrechung." Da ist was dran. Auch wenn man nicht

An Sankt Nikolaus in Wipperfürth: Willibert Pauels in seinem Ornat als Diakon

In seiner Rolle
als Ne Bergische Jung

mehr zur Kirche geht, bleibt es dabei, dass die Woche am Sonntag Pause macht.

Der Journalist Franz Josef Wagner erzählt, dass er einmal auf einer Party bei einem Milliardär war, der so reich war, dass sogar auf dem Klo ein Original von van Gogh hing. Dieser Mann saß morgens um fünf, voll wie ein Eimer, auf dem Sofa und lallte: „Am Schlimmsten ist, wenn der Sonntag wie der Montag ist." Okay, könnte man meinen, der Mann hat vielleicht Sorgen! Aber dahinter steckt die Erfahrung: Wenn immer Party, immer Überfluss, immer Genuss ist, wenn also das Leben ohne Pause ist von irgendetwas Anstrengendem, das ist nicht der Himmel, das ist die Hölle auf Erden.

Also suchen und genießen wir die Pausen in unserem Leben. Zum Beispiel in Köln. Und welchen Pausenraum empfehle ich? Klar, den Dom. Aber nicht im Strom der zigtausend Touristen, die den Kirchenraum in einer endlosen Schlange durchwalzen. Mein Tipp: Folgen Sie dem Schild „Nur für Beter".

Dann gelangt man in einen Raum der Stille. Und dort tun Sie mal etwas ganz Verrücktes: Schauen Sie auf den Altar in dieser sogenannten Sakramentskapelle. Sprechen Sie ein Gebet; so gut es halt geht. Und ich verspreche Ihnen: Sie werden glücklich sein – wie ein Kind, wenn die Pausenglocke ertönt.

Willibert Pauels,
Diakon, Autor und Karnevalist, „Ne Bergische Jung"

Köln macht Pause

Ganz ehrlich, im Grunde ist es unmöglich, dieses Buch zu schreiben. Die schönsten Pausenorte der Kölner Innenstadt? Das sind zum einen so viele, dass sie sich gar nicht alle abbilden lassen, auch wenn so viele mehr eine wunderbare Ergänzung für die hier beschriebenen Tipps gewesen wären.

Und dann nimmt ja jeder Pausen anders wahr. Der eine liebt aktive Pausen, der andere sucht seine Ruhe. Und es gibt die Pausenbeobachter, die bei Stulle, Kuchen oder Wein gern Menschen zuschauen und sich dabei erholen, sich Geschichten über sie auszudenken und darüber den eigenen Alltag zu vergessen. Pauseneskapisten.

Pausen sind sehr persönlich. Und dieses Buch versucht, möglichst vielfältige Anreize für Pausenmöglichkeiten zu geben. Für die Mittagspause, für die geschenkte Zeit, weil ein Termin ausfällt, für den Abend, an dem man nicht weiß, wohin. Für die nächste Pause eben. Und zusätzlich gibt's Lektüre für alle, die ganz einfach Freude am Thema Pause an sich haben. So spricht zum Beispiel Musikprofessor Erik Sohn mit Sänger Dän Dickopf über das Thema „Pausen

in der Musik", Kabarettistin Barbara Ruscher denkt über „Pausen in der Kunst" nach, der Bildhauer Cornel Wachter zeigt seine liebsten Pausenorte an der Severinstraße, der Maler Oliver Jordan seine im Belgischen Viertel.

In diesem Sinne:
Viel Spaß beim Pausieren wünschen
Martina Goyert und Verena Koll

PS: Unsere liebsten Pausenorte in der Innenstadt? Martina Goyert verbringt gern die Zeit im Freien, zum Beispiel im Stadtgarten. Dort lässt es sich herrlich mit Freunden sitzen, die Natur genießen und picknicken. Verena Koll schätzt die Lengfeld'sche Buchhandlung am Kolpingplatz 1 wie überhaupt die inhabergeführten Buchhandlungen in der Stadt. Was gibt es Schöneres, als über dem Bücherstöbern die Zeit zu vergessen?

Da macht Köln selbst mal Pause:
das Stadtpanorama bei Sonnenuntergang

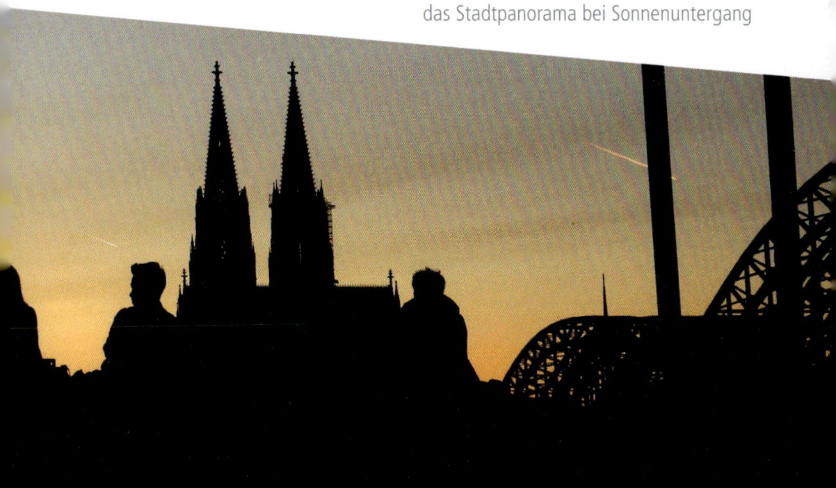

ALTSTADT-NORD

Das Herz von Köln

Wenn Touristen an Köln denken, dann denken sie vor allem an die nördliche Altstadt. An den Dom, das Wahrzeichen der Stadt. An die romanischen Kirchen, die Barock-Kirche Sankt Mariä Himmelfahrt, die vielen vor allem mit der Krippe in der Weihnachtszeit ein lieber Pausenort ist.

Es lässt sich herrlich bummeln durch die Altstadt, die Straßencafés und Restaurants rings um den Alter Markt genießen, auf dem Heumarkt im Winter Schlittschuh laufen.

Im Römisch-Germanischen Museum gilt es genauso die Geschichte zu entdecken wie beispielsweise in der Archäologischen Zone, in der vor dem Historischen Rathaus ein unterirdisches Museum entstehen soll.
Im NS-Dokumentationszentrum im EL-DE-Haus. Oder am Gereonswall, an dem noch ein 113 Meter langes Stück der historischen Stadtmauer erhalten ist.

Klingt schon beeindruckend viel. Und doch werden all diese Orte in unseren Pausentipps genauso unerwähnt bleiben, wie beispielsweise das Museum Ludwig oder das Museum für Angewandte Kunst. Wir haben uns für andere Orte entschieden.

TIPP 1

Die Hochschule für Musik und Tanz

Was: Musikhochschule
Wo: Unter Krahnenbäumen 87
Für wen: Musik- und Tanzliebhaber
Besonderes: Zu den ehemaligen Dozenten zählt der Komponist Karlheinz Stockhausen (1928–2007), zu den früheren Studierenden die Sopranistin Anja Harteros, der Dirigent Markus Stenz sowie Produzent Dieter Falk.
Kosten: Keine
Anbindung: Mit den KVB-Linien 12, 15, 16, 18, 127, 140 oder 184 bis Ebertplatz, mit den Linien 16, 18, 132 oder 133 bis Breslauer Platz/Hauptbahnhof

Probe: Die Streicherklasse übt für das nächste Konzert.

Wahrscheinlich ist Köln musikalisch nirgendwo so vielfältig wie hier: an der Hochschule für Musik und Tanz Köln. Hier werden gut 1 200 angehende Musiker, Komponistinnen oder Produzenten ausgebildet. 1 200 Studenten, obgleich das Gebäude ursprünglich für 800 ausgelegt war. Darum wird angebaut. Im Herbst 2019 soll's losgehen und, falls alles nach Plan läuft, bis 2024 fertig sein. Es soll sogar eine Freifläche mit Cafeteria entstehen, die auch für die Anwohner gedacht ist. Aber das ist Zukunftsmusik.

Wer jetzt schon mal Pause machen möchte an der Musikhochschule, hat dazu ungefähr 420 bis 450 Mal im Jahr die Gelegenheit. So oft veranstaltet die Hochschule Konzerte, die meisten davon sind kostenfrei. Es gibt vorwiegend klassische Konzerte, aber auch welche aus den Bereichen Pop, Jazz, alte oder neue Musik, Oper, dazu Tanzaufführungen. Insbesondere die Opernproduktionen wie die „Zauberflöte" sind gefragt, im großen Veranstaltungssaal war sie zuletzt fünfmal hintereinander ausverkauft, 800 Menschen sahen jeweils zu. Anders sieht's aus, wenn die Hochschule beispielsweise zu Konzerten der Neuen Musik einlädt: Dann sind auch schon mal nur fünf bis zehn Besucher da. Warum stemmt die Hochschule solche Veranstaltungen überhaupt? „Das hat einen einfachen Grund", erklärt Sprecherin Heike Sauer. „Schon während der Ausbildung sollen unsere Studierenden umfangreiche Bühnenerfahrungen unter möglichst professionellen Bedingungen sammeln können."

Der Veranstaltungskalender liegt in der Hochschule aus, aber auch zum Beispiel in vielen Innenstadthotels und Buchhandlungen. Online gibt's ihn als Newsletter: *hfmt-koeln.de/nc/veranstaltungen*.

Ein Klassiker: Wolfgang Amadeus Mozarts „Zauberflöte"

TIPP 2

Der Escape-Room Indizio

Was: Abenteuerspiel
Wo: Steinweg 3
Für wen: Für Denksportler ab 14 Jahren, jüngere Kinder dürfen nur in Begleitung Erwachsener mitspielen.
Besonderes: Die Räume sind mit sehr viel Freude am Detail eingerichtet.
Kosten: Je nach Spielerzahl. Schüler und Studenten zahlen ab vier Personen 15,– Euro.
Anbindung: Mit den Linien 1, 5, 7, 9, 106, 132 oder 133 bis zum Heumarkt

Sie knobeln: Welcher Hinweis Jalenka Sames und Antonios Georgiadis wohl ans Ziel führen wird?

Es hat etwas von Alice im Wunderland, wenn man in „The Rabbit Hole" hineinschaut, „The Body Shop" wirkt am Eingang dagegen schon gruselig – mit blutiger Fratze. Beide Räume verbindet eins: Sie gehören zum sogenannten Live-Escape-Game Indizio.

Insgesamt fünf dieser Escape-Rooms hat Antonio Georgiadis mit seinem Geschäftspartner im Jahre 2015 eingerichtet. Damals war er einer der ersten, die diese Spiele nach Köln brachten. Im Internet sind sie schon lange beliebt, allmählich fanden sie ihren Weg in die analoge Welt. Heute gibt's mehr als zehn Anbieter im Stadtgebiet. Im März 2018 dazugekommen sind etwa die „???-Escape-Rooms" am Hohenzollernring, die auf den Fällen der beliebten Hörspiel-Reihe basieren.

„Die Escape-Games sind klasse", schwärmt Antonio Georgiadis. „Ich habe sie in Thessaloniki mit einem Freund entdeckt. Ich war sofort begeistert und dachte: Das bietest Du auch an." Was ihn daran gereizt hat? „Du vergisst alles um dich herum, der Alltag ist weg, du versinkst im Spiel und schaltest ab." Also gründete er Indizio, dessen Name auf dem italienischen Wort für „Indizien" beruht. Denn darum geht's: Die Spieler werden in den Räumen eingeschlossen und müssen Indizien finden, die ihnen helfen, wieder heraus zu gelangen.

Eine Stunde haben sie dafür pro Spiel Zeit. Üblicherweise starten zwei bis sechs Spieler. Je nachdem, wie viele dabei sind, variiert der Eintrittspreis. Auch Klassen oder Firmen (für Teambuildings) sind willkommen. Sogar in der Mittagspause. Aber vorher fragen unter der Rufnummer 02 21 / 27 24 53 53, ob Platz ist.

TIPP 3

Der Klingelpützpark

Was: Parkanlage
Wo: Zwischen Kyotostraße, Klingelpütz, Plankgasse, Vogteistraße und Gereonswall
Für wen: Familien und Jugendliche
Besonderes: Halfpipe
Kosten: Keine
Anbindung: Mit den Linien 12, 15 oder 127 bis Hansaring

Jetzt ein Park: Früher stand auf dem Gelände des Klingelpützparks ein Gefängnis.

Der Klingelpützpark ist ein kleines Fleckchen Grün mit Geschichte – und vor allem mit Sportmöglichkeiten, die es nicht überall gibt. Aber der Reihe nach.

Der nur zwei Hektar große Klingelpützpark ist auf dem Gelände des früheren Kölner Gefängnisses entstanden, dem Klingelpütz, wie es im Kölschen heißt. Als die Stadt 1969 die neue Justizvollzugsanstalt in Ossendorf in Betrieb nahm, war der Klingelpütz 134 Jahre nach seiner Inbetriebnahme im Jahre 1835 überflüssig geworden. Und da dem Gebäude auch eine schreckliche Vergangenheit anhaftete – während der Zeit des Nationalsozialismus hatten die Nazis den Klingelpütz als Hinrichtungsstätte verwendet – war schnell klar: Das alte Gebäude sollte weichen, eine Grünfläche dafür her. So entstand der Park. Der Schutt des alten Gebäudes wurde dabei Grundlage des Hügels, der heute im Winter als Rodelhang dient, der vor allem aber Basis der Riesenrutsche ist, von deren Startpunkt aus man sogar den Dom sieht.

Neben der Riesenrutsche gibt's aber auch kleinere Rutschen für jüngere Kinder, eine Sandfläche, ein Klettergerüst und einen Teufelskreisel zum Sich-Schwindelig-Drehen. Und dann sind zur Kyotostraße hin auch eine Halfpipe, mehrere Basketballständer, Tischtennisplatten sowie eine Fläche zum Skaten oder Fußballspielen entstanden. Die Rasenflächen laden außerdem ein zum Picknick in der Innenstadtflucht zwischen all den Mehrfamilienhäusern ringsum.

TIPP 4

Der Philharmonie-Lunch

Was: Konzert
Wo: Bischofsgartenstraße 1
Für wen: Jeden, der Musik schätzt
Besonderes: Die sehr private Stimmung
Kosten: Keine
Anbindung: Mit den KVB-Linien 5, 16 oder 18 nach Dom / Hauptbahnhof

Die musikalische Pause: Das Gürzenich-Orchester probt Schuberts Sinfonie Nr. 1 in D-Dur.

Macht sich Notizen: die Konzertmeisterin Ursula Maria Berg im Pausenkonzert

Eigentlich beginnt der Philharmonie Lunch, das kostenlose Mittagskonzert, ja erst um 12 Uhr. Bis die Mitarbeiter in ihren königsblauen Jacketts die Tür eine halbe Stunde vor Konzertbeginn öffnen, hat sich aber schon längst eine Menschentraube vor dem Eingang gebildet. Als Dirigent Philipp von Steinaecker die Besucher um kurz nach 12 Uhr in der Philharmonie begrüßt, blickt er zunächst in die beinahe komplett gefüllten Reihen, schüttelt den grauen Lockenkopf und kommentiert: „Ich finde sensationell, wie viele Leute hier mittags zur Probe kommen. Was für eine Stadt, es gibt Hoffnung!"

Alle zwei Wochen bietet die Philharmonie eine Probe mit den Musikern des Gürzenich- oder des WDR Sinfonie Orchesters und dem jeweiligen Gast-Dirigenten an: ein kleines, feines Konzert zur Mittagszeit. Eine halbe Stunde fern vom Alltag, dafür näher dran an den Musikern, als man ihnen für gewöhnlich kommt. Das liegt zum einen daran, dass sich die Profis unter den Besuchern an der Tür so in Stellung bringen, dass sie auch die ersten in den vorderen Sitzreihen sind. Das liegt aber vor allem an der Art des Konzerts: Es ist eine Probe, es ist informell. Die Musiker und auch der Dirigent kommen nicht in Frack und feinem Auftrittszwirn, sie kommen in ihrer Alltagsgarderobe, sitzen da in Jeans, T-Shirt, Sneakers. Es ist, als ließen einen die Musiker an etwas Privatem teilhaben.

Und so locker kommt auch die Probe daher: Der gelernte Cellist von Steinaecker lässt das Gürzenich-Orchester Franz Schuberts Sinfonie Nr. 1 D-Dur D 82 aus dem Jahre 1813 proben. Für das Laienohr klingt wunderbar, was sie spielen. „Sie hören da viel Verbeugung vor der Wiener Klassik", erläutert der Dirigent, „aber sie hören auch Sturm und Drang mit viel Tremolo, achten Sie zwischendurch auf die Momente von Traurigkeit und Zerbrechlichkeit, hören Sie aber gleichzeitig auf den jugendlichen Elan." Schubert war 16, als er die Sinfonie Nr. 1 komponierte. „Darum spielen wenige dieses Stück", weiß von Steinaecker, „so jung könne man noch nichts Großes komponieren, heißt es oft. Aber wenn einer nur 31 Jahre alt wird, dann gibt es kein Frühwerk, dann ist alles ernst."

Wie ernst es dem Chef am Dirigentenpult selbst ist, lässt sich sehr anschaulich beobachten: Er rackert auf seinem Podest, beugt sich vor und zurück, geht in die Knie und stellt sich auf die Zehenspitzen. Und dann ist da Takt 427, den lässt er immer wieder proben. Etwas mehr „brassy" hätte er's gern von den Bläsern. Und in Takt 459 wendet er sich an die Geigen: „Bitte nicht springen, das ist nicht lustig an der Stelle." Kaum hat er's gesagt, dreht er sich mit einem Lächeln um zum Publikum. „Ich habe eine große Charakterschwäche", entschuldigt er sich, „ich bin äußerst penibel." Es dauert aber nicht lange, dann lobt er die Musiker für ihr Spiel.

Schlussapplaus um 12.30 Uhr. Mit einem Lächeln kehren alle zurück in den Alltag.

TIPP 5

Der After-Work-Wochenmarkt

Was: Wochenmarkt zum Feierabend

Wo: Rudolfplatz, donnerstags, 16 bis 21 Uhr

Für wen: Für alle, die sich gern noch auf ein Häppchen samt Schwätzchen treffen

Besonderes: Wochenmarkt mit dem Schwerpunkt Speisen

Kosten: Je nach Einkauf und Verzehr

Anbindung: Mit den KVB-Linien 1, 7, 12, 15, 136 oder 146 zum Rudolfplatz

Viel los: Auf der Platzmitte des After-Work-Wochenmarkts tummeln sich die Besucher.

Wenn die Hupe tutet, donnerstags abends auf dem Rudolfplatz, ist das ein Zeichen zum Hinhören. Es bedeutet so viel wie: „Ess doch eine met", frei nach dem Bläck-Fööss-Klassiker „Drink doch eine met". „Bei Meet & Eat geht es darum, über dem Essen miteinander ins Gespräch zu kommen, falls man das denn möchte", erklärt David Frahsek von Agrarkonzept. Der Marktorganisator aus Lövenich veranstaltet den After-Work-Wochenmarkt in Zusammenarbeit mit dem Marktamt der Stadt Köln.

Seit 2015 läuft der Feierabendmarkt. Anfangs war er gedacht als Wochenmarkt zur späteren Uhrzeit, auf dem Berufstätige ihre Einkäufe erledigen und nebenbei etwas essen können. Inzwischen bieten die durchschnittlich 30 Stände vor allem Speisen vieler Nationen an, zum Beispiel argentinische, peruanische oder französische Spezialitäten. Dazu bieten noch einige klassische Händler ihre Waren feil, Käse etwa, Obst und Gemüse oder frisches Fleisch und Wurst.

Wie es zur Idee des Feierabendmarkts gekommen ist? „Der übliche Wochenmarkt", beschreibt David Frahsek, „findet für gewöhnlich vormittags statt, während die meisten arbeiten. Darum wollten wir einen Markt mit Speisen am Abend anbieten, wenn auch Berufstätige Zeit haben." Die nehmen sie sich in den Sommermonaten lieber als in der kühleren Jahreszeit. Zwischen Januar und März stellen die Veranstalter deshalb Wärmelampen an die überdachten Tische, um mehr Gemütlichkeit auf den Platz zu bringen. Und wem dann die eigene Portion zu groß ist, der greift zur Hupe: „Die bedeutet, dass jemand Mitesser sucht", erklärt Frahsek. „Das fördert die Gemeinschaft und ist offensichtlich das, was die Besucher zum Feierabend suchen."

TIPP 6

Das Hänneschen-Theater

Was: Puppentheater
Wo: Eisenmarkt 2–4
Für wen: Für wen nicht?
Besonderes: Alles passiert live.
Kosten: Je nach Stück. Im Familienstück zahlen Kinder zum Beispiel 8,50 Euro, Erwachsene 13,– Euro. Die Puppensitzung für Erwachsene kostet 31,– Euro.
Anbindung: Mit den KVB-Linien 1, 5, 7, 9, 106, 132 oder 133 zum Heumarkt

Zwei kölsche Originale: Hänneschen und Bärbelchen sind die wohl berühmtesten Stockpuppen der Stadt.

Es gibt wohl keinen Kölner, der seine Beine so schön wirft wie das Hänneschen. Der Held der Knollendorfer, wie die Stockpuppen aus dem Hänneschen-Theater heißen. Betritt Hänneschen die

Bühne, dann fliegen seine Beine vor und zurück. Dabei hält er nur Schritt mit Jacky von Guretzky-Cornitz, seinem Stockpuppenspieler.

Die vier bis fünf Kilo schweren Figuren haben Köpfe aus Lindenholz, die für die Vorstellungen extra geschminkt werden. Der Fundus umfasst mehr als 5000 „Kostümcher, un' Ungerbotze un' Ungerhämde", wie das Bärbelchen (gespielt von Elfriede Bauer) in einem Einspielfilm auf der Webseite des Theaters erzählt. Alle Puppen sitzen auf Stöcken, die meisten auf einem, dazu haben sie einen Zweitstock, um den rechten Arm zu führen und dadurch die Gestik zu ermöglichen. Die Beine bewegen sich durch die Bewegungen der Puppenspieler „hinger d'r Bretz", hinter der Balustrade, dort eilen die Spieler im Tempo des jeweiligen Stückes von einer Bühnenposition zur nächsten.

Das Hänneschen ist ein Herzensstück Köln. Seit 1802 schon. Für Kinder. Für Familien. Für Erwachsene. Für viele gehört die Puppensitzung zum Karneval dazu. Für viele die Oster- oder Weihnachtsstücke zu den jeweiligen Festen. Ein Pausenort zum Lachen, zum Nachdenken und zum Kölsch hören – denn alle Stücke sprechen die Puppenspieler im Dialekt. Ach ja, und der Eisenmarkt selbst, der ist meist auch ein ruhiger Pausenort. Schauspielerin und Sängerin Maite Kelly hatte ihn zum Beispiel für sich entdeckt, als sie im Musical Dome in „Hairspray" spielte. Sie verbrachte ihre Probenpausen gern am Eisenmarkt, wie sie erzählt.

Ein Stück Stadtgeschichte: Seit 1802 begeistern die Knollendorfer schon in Mundart.

TIPP 7

Das Manufactum mit dem Café Brot und Butter

Was: Das etwas andere Warenhaus
Wo: Brückenstraße 23
Für wen: Für Design-, Nachhaltigkeits-, Croissant- und Brotfreunde
Besonderes: Die Bäcker von „Brot und Butter" backen live im Geschäft
Kosten: Erstmal nichts, dann hängt's ab vom Einkauf und Verzehr
Anbindung: Mit den KVB-Linien 3, 4, 5, 16 oder 18 zum Appellhofplatz

Warenhaus: Im Manufactum gibt's allerlei vom Stuhl bis hin zum selbst hergestellten Brötchen.

Es hat ein bisschen was von einer Zeitreise, das Warenhaus Manufactum. Hier gibt's noch Omas Rosenschere und Opas Schuco-Traktoren, Gartenzubehör und Spielzeug, das nicht für eine Saison, sondern für immer hergestellt wurde. Und wird. Die Waren sind natürlich neu. Aber sie wirken fast wie aus der Zeit gefallen, wenn zwar viele von Nachhaltigkeit reden, dann aber lieber im Supermarkt kaufen, wo Geiz dann eben doch, nun ja, ansprechender ist.

Und so herrscht auch eine andere Stimmung in diesem Warenhaus. Es ist kein Ort für schnell-schnell, es ist ein Platz zum Verweilen, zum Stöbern und Finden, um mal eine andere Pause zu verbringen. Vielleicht auch beim Durchblättern der wunderbaren Klassiker-Edition für Kinder: Theodor Fontanes „John Maynard", Rainer Maria

Rilkes „Der Panther" oder Friedrich Schillers „Die Bürgschaft" werden feilgeboten, in großer Schrift und herrlich bebildert.

Aber selbst wer gar nichts aus dem Einzelhandel kaufen möchte, für den lohnt der Gang zumindest zu „Brot und Butter", dem Café im Geschäft. Die Croissants schmecken, als kämen sie direkt aus dem Butterfass, sind weich, aber mit dem richtigen Grad Knusper außen. An der Schau-Theke backen Bäcker live hinterm Tresen Brote: Sauerteigbrot etwa, Gewürzbrot oder auch Dinkel- und Roggenvollkorn. Schmeckt und ist eine Pause wert.

TIPP 8

Die Artothek

Was: Ein Kunstverleih – keine Bibliothek, sondern eine Artothek

Wo: Haus Saaleck, Am Hof 50

Für wen: Jeden, der Kunst schätzt

Besonderes: Zusätzlich zum Kunstverleih gibt's wechselnde Ausstellungen.

Kosten: 5,– Euro Jahresgebühr für den Ausleihe-Ausweis, 6,– Euro pro ausgeliehenem Kunstwerk, nichts für die Besuche der aktuellen Ausstellungen

Anbindung: Mit den KVB-Linien 5, 16, 18 oder mit den S-Bahn-Linien 6, 11, 12 oder 13 nach Köln Hauptbahnhof

In Zeiten, in denen eine Sammlerin gut 1,2 Millionen Euro für ein halb zerschreddertes Gemälde des britischen Street-Art-Künstlers Banksy zahlt, wirkt die Artothek, ach, gleich nochmal so wunderbar. Denn in der Artothek dreht sich alles auf herrlich unaufgeregte Weise um die Kunst. Und zwar für fünf Euro Jahresbeitrag, so viel kostet der Artotheken-Ausweis, also das Pendant zum Bibliotheksausweis. Wer einen Ausweis besitzt, darf sich die fast 1 500 Kunstwerke der Sammlung ausleihen: für jeweils zehn Wochen am Stück zu jeweils sechs Euro. Kunst, die sich jeder leisten kann.

Das können zum Beispiel Grafiken, Bilder, Fotografien oder Objekte sein. „Wir haben Nutzer, die fragen gezielt nach Kunst, die sie im Fahrradrucksack nach Hause transportieren können", erzählt Astrid Bardenheuer, seit 2014 künstlerische Leiterin der Artothek. „Wir haben Nutzer, die holen sich immer mal ein neues Kunstwerk für daheim, andere suchen etwas fürs Büro." 1973 wurde die Artothek gegründet. Die Idee dazu hatte der damalige Direktor der Stadtbücherei, Horst-Johannes Tümmers. Er wollte Kunst demokratisieren, sie zugänglich für jeden machen. Und das umfasst auch Werke von so bekannten Künstlern wie Andy Warhol, Gerhard Richter oder Marlene Dumas. Alle Werke lassen sich online ansehen in der Datenbank der Artothek unter: *artothek.kulturelles-erbe-koeln.de*.

Warum noch mit nach Hause nehmen? Da wirke die Kunst anders als im Museum, findet Astrid Bardenheuer: „Ich baue eine andere Beziehung zu einem Kunstwerk auf, wenn ich es daheim erlebe. Denn im Museum bin ich der Gast, zu Hause ist das Kunstwerk mein Gast, es wird zu meinem Mitbewohner." Ach ja, und selbst geschreddert hat sich noch keins der Artotheken-Werke.

Für daheim: Artothek-Leiterin Astrid Bardenheuer packt fachgerecht ein Kunstwerk ein.

Einmal die 5, bitte!

Was: Stadtbahnrundfahrt
Wo: Vom Heumarkt nach Ossendorf und zurück in weniger als einer Stunde
Für wen: Für jeden, der Spaß am Bahnfahren hat
Besonderes: Ganz sicher nicht die schönste Tour durch Köln. Dafür macht diese Pause gewiss nicht jeder.
Kosten: Mit einem Ticket der Preisstufe 1b kosten Hin- und Rückfahrt 6,– Euro, das Handyticket kostet 5,40 Euro (Stand: Juli 2019)
Anbindung: Mit den KVB-Linien 1, 7, 9, 106, 132 oder 133 zum Heumarkt

Unterwegs mit der Linie 5: Am Takuplatz lässt sich schon mal Christoph Fröhlich treffen, Pelemele-Frontmann und Sohn von Höhner-Mitgründer Janus Fröhlich.

Die Wise Guys haben einmal ihre Heimatstadt Köln so besungen: „Wir kommen nicht aus der schönsten Stadt der Welt, sondern aus der, die sich für die schönste hält." Wie wahr dieser Vers ist, zeigt eine Tour mit der Linie 5.

Start ist am Heumarkt und damit im Herzen der Altstadt. Der Dom ist nah, der Rhein, die hübschen Fachwerkhäuschen rings um den Alter Markt. Es ist die herzeigbare Seite der Stadt. Wenngleich das von der Haltestelle aus nicht zu sehen ist, denn die ist unterirdisch. Dafür ist sie aber neu, erst 2013 ist sie in Betrieb gegangen.

Von hier aus geht's los auf die etwa 9,4 Kilometer lange Strecke. Ungefähr 105 Mal fahren die im Schnitt sieben Züge der Linie 5 pro Wochentag jeweils hin und her. Vom Hans-Böckler-Platz an läuft die Tour oberirdisch. Vorbei an den teils noch mit Stuck verzierten Altbauten des In-Viertels Ehrenfeld, vorbei aber auch an den vielen Mietshäusern, die bunt bestimmt viel schöner aussähen als in dem Mausgrau, in dem sie nun einmal daherkommen.

Ganz anders der Charakter des Neubaugebiets an der Butzweilerhof-Allee: Entlang der Fahrtstrecke zwischen den Haltestellen „Sparkasse-", „Ikea-" und „Alter Flughafen Butzweilerhof" entsteht auf rund 40000 Quadratmetern ein neues Viertel für etwa 2000 Menschen. In direkter Nachbarschaft zum einstigen „Luftkreuz des Westens" übrigens, wie der alte Flughafen Butzweilerhof genannt wurde. Mit viel Luft zwischen den Häusern, Raum für Grün – und kleinen Flugzeugen auf den Spielplätzen.

Natodraht dagegen fällt auf beim Halt an der Rektor-Klein-Straße. Kein Wunder: Direkt gegenüber liegt die Justizvollzugsanstalt. Bis zu 1171 Häftlinge sind dort untergebracht, Männer, Frauen, Jugendliche. In der Anlage von 1969 verbrachten über die Jahre einige bekannte Häftlinge ihre Zeit: Kanzleramtsspion Günter Guillaume etwa, Bankier Iwan David Herstatt oder die RAF-Terroristin Ulrike Meinhof.

Ganz andere Persönlichkeiten haben sich zu Beginn ihrer Karriere häufig in der Nähe des Takuplatzes aufgehalten, also in Neuehrenfeld. Da rattert die 5 auf ihrem Rückweg in die Stadt wieder vorbei. In einem der Häuser an der Takustraße wohnte Janus Fröhlich mit seiner Familie, im Hinterhof baute er den ehemaligen Hühnerstall des Hauses um: Das wurde einer der ersten Probenräume der Höhner. Heute lebt Sohn Christoph im Haus, ebenfalls Musiker und unter anderem aktiv mit Pelemele, der Rockband für Kinder.

Und wer sich das alles angeschaut hat auf den 27 Minuten Fahrtstrecke je Richtung plus Umsteigen, der hat zwar nicht die schönste Stadt der Welt gesehen, aber doch eine ganze Menge.

Das Farina-Duftmuseum

Was: Museum rund ums Thema Düfte
Wo: Obenmarspforten 21, laut Werbung das „Geburtshaus des Eau de Cologne"
Für wen: Dufte Typen
Besonderes: Es gibt spezielle Führungen für Kinder ab sechs Jahren. Bis zu einem Alter von zehn Jahren ist der Eintritt frei.
Kosten: Die 45-minütige Führung kostet Erwachsene 5,– Euro Eintritt, die historische Kostümführung 9,– Euro.
Anbindung: Mit den Linien 1, 5, 7, 9, 106, 132 oder 133 bis Heumarkt

Der Klassiker: das Eau de Cologne, das duften soll wie ein italienischer Frühlingsmorgen

Ist es Jasmin? Bergamotte? Oder Moschus? Eine Kopfnote? Herz- oder Basisnote? Was für Fragen da aufkommen während der 45-minütigen Führung durchs Duftmuseum im Farina-Haus! Es ist eine Führung für die Sinne.

Das geht gleich los im Erdgeschoss. Wer zur Führung möchte, bekommt ein Pröbchen Farina aufgesprüht. Nach Zitrusfrüchten riecht das zu Beginn. Und Museumsführerin Wiebke erzählt nicht nur die Geschichte der Parfumeursfamilie Farina während der Tour durchs Haus, sie erklärt nebenbei auch, was beim Parfum-Kauf zu beachten ist: Niemals einen Duft sofort kaufen, erst einmal einwirken lassen, denn frühestens nach einer halben Stunde lässt sich entscheiden, ob der Duft zum Käufer passt oder nicht. Der Grund: Parfums verändern sich mit ihrem Träger. Da ist zuerst die Kopfnote, das, was jedem direkt in die Nase steigt. Das macht Raum für die Herznote, eine etwas schwerere Essenz, die der Träger als zweites wahrnimmt. Und die sich schließlich verflüchtigt für die Basisnote, das ist der Duft, der bleibt. Und der einem gefallen muss, sonst bleibt das Parfum im Schrank. Vor allen Dingen geht's bei der Führung aber darum, wie der Parfumeur Johann Maria Farina mit seinem Bruder Johann Baptist von 1709 an das Geschäft aufbaute, das heute die achte Farina-Generation führt.

Eine Geschichte, die basiert auf dem Eau de Cologne, dem Parfum, das Farina erfand. Der Duft der barocken Höfe übrigens, denn vor allem der europäische Adel orderte bei den Farinas. Es gehörte zum guten Ton, sich nicht zu waschen, sondern zu parfümieren. Ein Kurfürst zu Köln soll sich gar mit einer Flasche des Dufts pro Tag (!) übergossen haben. Und das, obgleich eins der Fläschchen ein halbes Jahresgehalt des damaligen Durchschnittsbürgers kostete.

Die Rechnungen dafür schrieb Farina an dem 300 Jahre alten Schreibtisch, der genauso im Keller des Duftmuseums zu sehen ist wie der Essenzenraum, der Höhepunkt zum Schluss der Führung, in dem alle schnuppern und überlegen: Was könnte es sein? Jasmin? Bergamotte? Oder doch Moschus?

Im Barockkostüm: Im Duftmuseum erzählt ein Schauspieler, wie Johann Maria Farina 1709 das Eau de Cologne erfand.

Vater der modernen Parfu

DER BUMMEL

Mit Moderatorin Mara Bergmann bei „Kunst und Pause" im Wallraf-Richartz-Museum

Das Schild lässt nichts Gutes erahnen. „Qual und Erlösung" steht am Raum im ersten Stock des Wallraf-Richartz-Museums, auf den Matthias Busmann zustrebt. Er ist Kunsthistoriker und einer von etwa 15 Referenten, die sich ehrenamtlich für die Jungen Freunde des Wallraf-Richartz- und des Museums Ludwig e. V. engagieren.

Er bleibt stehen vor einem düsteren Gemälde mit dem Titel: „Die Versuchung des Heiligen Antonius, oberrheinisch, um 1520". Zu sehen ist Antonius, der Große, um dessen Leben sich zahllose Legenden ranken. Unter anderem die, dass er von 251 bis 356 gelebt haben soll. 105 Jahre? Möglich, klar, aber unwahrscheinlich. Antonius soll, und das ist eine weitere Legende, als Eremit gelebt haben, weil ihn ein Gleichnis aus dem Matthäus-Evangelium dazu brachte: „Es ist leichter, dass ein Kamel durch ein Nadelöhr gehe, als dass ein Reicher ins Reich Gottes komme", heißt es dort. Das soll Antonius dazu veranlasst haben, all seine Besitztümer abzulegen. Er gilt damit als der Begründer des Mönchtums.

Und dieser Eremit schwebt also auf dem Bild, umringt von Dämonen, die an ihm zerren und ihn beißen. Es handelt sich um ein Altarbild, wie Matthias Busmann erklärt. Ein Fragment, zu dem eigentlich weitere Abbildungen gehören, nur wisse niemand, wo diese hingekommen seien. Eine Gruppe von etwa 20 Besuchern hört ihm zu. Sie sind zu „Kunst und Pause" gekommen, einem Angebot der „Job & Kunstfreunde" speziell für Berufstätige im Alter von 28 bis 45 Jahren. Es ist eine halbstündige Führung, die jeden ersten Donnerstag im Monat um 12.30 Uhr startet, zugeschnitten auf eine Mittagspause, ein Lunchpaket gehört zum Abschluss dazu.

Unter den Besuchern der Antonius-Führung an einem Vormittag im Herbst befindet sich Mara Bergmann, Jahrgang 1982 und damit genau in der Zielgruppe. Nach Stationen beim ZDF, dem WDR und Sat.1 moderiert die Kölner Journalistin nun die Nachrichten für n-tv. Als Matthias Busmann auf die Dämonen eingeht, die Antonius in Versuchung bringen wollen, bemerkt Mara Bergmann, dass die Dämonen sie an ein Kinderbuch erinnern: „Wo die wilden Kerle wohnen" von Maurice Sendak. „Stimmt!", bestätigt Matthias Busmann. „Ist das nicht unglaublich? Heute sehen so die Figuren in Kinderbüchern aus. Nun stellt euch", er duzt die

DER MENSCH

Mara Bergmann (Jahrgang 1982) ist in Nippes geboren. In Dortmund studierte sie Journalistik und volontierte anschließend beim ZDF. Nach Stationen beim WDR („Lokalzeit") und bei Sat.1 („Unser Tag") ist Mara Bergmann Moderatorin beim Nachrichtensender n-tv geworden. Sie lebt in der Kölner Innenstadt.

Gruppe, „nun stellt euch aber einmal vor, wie es für die Menschen im Mittelalter war, als die diese Dämonen gesehen haben. Da gab es weder den Herrn der Ringe, noch Harry Potter, kein Fernsehen und keine Ballerspiele. Es gab Gemälde. Und vor Bildern wie diesem haben sich die Menschen gefürchtet. Genau das bezweckten die Altarbilder: Sie sollten die Menschen einschüchtern, sie auf dem rechten Weg halten, sonst kämen die Dämonen."

Und auf noch etwas geht er näher ein: Die Versuchung des Heiligen Antonius ist kein klassisches mittelalterliches Bild. Die Figuren sind nicht statisch gemalt. „Da ist Bewegung drin in der Szene", beschreibt Matthias Busmann. „Einige Dämonen schweben durch die Luft, Antonius dreht und windet sich, der liegt nicht einfach nur da. Da winkt die Renaissance." „Das erinnert mich an den Film ‚Matrix', wie die fliegen", bemerkt Mara Bergmann und ahmt die Flugbewegung nach.

Kunsthistoriker: Matthias Busmann erläutert in der Mittagsführung „Die Versuchung des Heiligen Antonius" von 1520.

Wallraf-Richartz-Museum und Museum Ludwig

DER ORT

Was: Museum
Wo: Wallraf-Richartz-Museum: Obenmarspforten, Museum Ludwig: Heinrich-Böll-Platz
Für wen: Berufstätige zwischen 28 und 45 Jahren
Besonderes: Am jeweils ersten Donnerstag im Monat ist Kölntag. Dann haben alle Kölner in die ständigen Sammlungen der städtischen Museen freien Eintritt. Der Personalausweis oder ein vergleichbares Dokument dient als Eintrittskarte.
Kosten: 4,– Euro für Mitglieder, 7,– Euro für Gäste; eine Anmeldung ist erforderlich unter **museumsfreunde-koeln.de.**
Anbindung: Fürs Wallraf-Richartz-Museum mit den KVB-Linien 1, 5, 7, 9, 106, 132 oder 133 zum Heumarkt, fürs Museum Ludwig mit den KVB-Linien 5, 16, 18 oder mit den S-Bahn-Linien 6, 11, 12 oder 13 nach Dom / Hauptbahnhof

Durch den Katalog blättern: n-tv-Moderatorin Mara Bergmann lässt sich gern von Kunst inspirieren.

Nach der Führung ist sie begeistert. „Ich hatte mich, ehrlich gesagt, vorher gefragt: Eine halbe Stunde für ein Bild, und dann noch so ein altes – ist das nicht zu lang?" Wäre sie allein im Museum gewesen, wäre sie wohl achtlos vorbeigegangen, glaubt sie. „Aber Herr Busmann hat das Altarbild so lebendig beschrieben, hat die Thematik so wunderbar in die heutige Zeit übersetzt, das war großartig." Echtes Futter für den Kopf. „Sehr anregend. Danach ist der Kopf wieder frei für die Arbeit. Toll!" Dann setzt Mara Bergmann sich lächelnd an einen der Tische im Foyer und nestelt einen Apfel und ein belegtes Brötchen aus dem Lunch-Paket.

„Kinder sind die Meister der Pause"

INTERVIEW

Psychologe Thomas Rüttgers im Gespräch

Es ist ein Tag im Spätsommer, 18 Uhr. Thomas Rüttgers betritt das Café TörtchenTörtchen an der Apostelnstraße 19. Jeans, T-Shirt, Turnschuhe, der Psychologe ist pausenfein gekleidet. Das passt zum Interview: Der zweifache Familienvater soll über Sinn und Unsinn von Pausen sprechen.

Braucht der Mensch eigentlich Pausen?
Oh ja, alle brauchen Pausen. Das sieht man sehr schön in der Natur: Es gibt tag- und nachtaktive Tiere, es gibt aber keine, die beides wären. Genauso gibt es die Jahreszeiten: Manche Pflanzen ziehen

sich im Winter ein, viele Bäume verlieren ihre Blätter, sie alle nehmen sich eine Pause und erholen sich, damit sie im Jahr darauf mit neuer Kraft wachsen und blühen können. Beim Menschen verhält es sich aber anders.

Nämlich?

Der Mensch hat die Elektrizität erfunden, seither hat er's auch nachts hell, wenn er möchte. Die Nacht ist dadurch nicht mehr die Ruhephase, die sie ursprünglich einmal war. Früher sind die Menschen ins Bett gegangen, wenn es dunkel wurde, haben sich von der schweren Feldarbeit ausgeruht. Heute ist selbst die Nacht mit Reizen überflutet. Die Digitalisierung feuert das an.

Die ständige Erreichbarkeit?

Genau. Bei vielen liegt das Telefon am Bett, sie schalten es selbst nachts nicht aus, bleiben lieber auf Empfang und auf Sendung. Dadurch wird die natürliche Rückzugszone jedes Menschen kleiner. Der Schlaf, der eigentlich unser größtes Kraft-Reservoir ist, fehlt. Und selbst die Pausenkultur ist nicht mehr die, die sie einmal war: Wenn ich in die Pause gehe, aber mein Smartphone mitnehme, um noch schnell neun Mails zu beantworten auf dem Weg zum Coffee

DER MENSCH

Thomas Rüttgers (Jahrgang 1973) stammt aus Heimersdorf und hat zunächst in Köln Jura studiert. Das hatte ihm zu wenig mit den Menschen zu tun. So kam er auf die Psychologie. Und weil er in Deutschland zu viele Wartesemester gehabt hätte, studierte er an der Naropa University im US-amerikanischen Bundesstaat Colorado. Es folgten Stationen zum Beispiel an einer Mutter-Kind-Klinik auf der Nordseeinsel Borkum und an einer Suchtklinik im Schwarzwald. Dort und auch in seiner Karlsruher Praxis sind fehlende Pausen bei zu viel Stress häufige Themen seiner Patienten. Mehr unter soul-craft.org

to go, nehme ich mir in Wahrheit keine Pause, ich arbeite weiter, schalte nicht ab. Die gesellschaftliche Folge ist: Die Stresserkrankungen nehmen zu.

Was hilft dagegen?
Wir sollten alle mehr Pausen einlegen.

Wie viele am besten?
Um das zu beantworten, muss jeder auf seinen Körper hören, muss darauf achten, wie viel er sich zumuten kann. Als Faustregel gilt: Besser 60 mal eine Minute Pause einlegen, als einmal 60 Minuten, so kann ich mein Leben entschleunigen. Etwa, indem ich mir wirklich die Zähne so lange putze, wie es der Zahnarzt empfiehlt. Oder indem ich so lange im Auto sitzenbleibe, bis mein Lieblingslied zu Ende gesendet ist. Oder indem ich meinen Schritt mal ein bisschen verlangsame, nicht so flott gehe wie sonst, sondern einmal bewusst einen Gang zurückschalte. All das macht wenig aus im Alltag, das kann ich vor mir selbst rechtfertigen.

Wozu denn rechtfertigen?
Viele glauben, Pausen nicht nehmen zu können, sondern sich dafür rechtfertigen zu müssen. Mindestens vor sich selbst.

Das klingt ungesund.
Das klingt nicht nur so, das ist es auch (er nippt am Chai Latte). Wie ungesund genau das Verhältnis unserer Gesellschaft zur Pause ist, zeigt das Beispiel der Raucher am besten, finde ich.

Warum ausgerechnet der Raucher?
Raucher nehmen sich ihre Pausen, das ist gesellschaftlich akzeptiert. Die gehen fünf Minuten vor die Tür, schauen dem Rauch nach, den Wolken, tauschen Belangloses aus und niemand stört sich daran. Aber stellen Sie sich vor, jemand ginge einfach so vor die Tür und starrte in die Wolken?

TörtchenTörtchen

DER ORT

Was: Café
Wo: Apostelnstraße 19
Für wen: Genießer
Besonderes: Die Törtchen! Elmar Schumacher-Wahls fand 2005: Köln braucht neue Törtchen, also richtete er seine erste Backstube in Neu-Ehrenfeld ein. Täglich kauften die Kunden die Auslagen leer. Also holte er 2009 Matthias Ludwigs dazu, den damaligen Pâtissier des Jahres, und sie expandierten, eröffneten 2012 ihre größte Filiale an der Apostelnstraße. Sie bieten sogar Gebäck-Kurse an. Alle Infos dazu unter **toertchentoertchen.de**.
Kosten: Je nach Appetit
Anbindung: Mit den KVB-Linien 1, 3, 4, 7, 9, 16, 18, 136 oder 146 zum Neumarkt

Kreativer Törtchen-Kopf: Matthias Ludwigs war 2009 Pâtissier des Jahres.

Macht keiner.
Nein, denn das wäre ein sozialer Affront. Und dieser Widerspruch fasziniert mich: Warum brauche ich ein ungesundes Verhalten, um mich aus dem immer schnelleren Lebensrhythmus herauszuziehen? Warum kann ich das nicht so?

Was wäre denn eine gesunde Pause?
Ich unterscheide Menschen in drei Pausentypen: Der erste muss der Beschleunigung unseres Lebens etwas Äußerliches entgegensetzen, einen Kaffee trinken etwa, durch den Stadtwald joggen, ein Kreuzworträtsel lösen. Kurzum: Er ist der aktive Typ, er muss etwas

tun. Der zweite Typ beschäftigt sich mit dem inneren Tun: Er betet, singt, liest etwas, unterhält sich mit Freunden. Der dritte Typ erlebt den Moment, er muss weder Körper noch Geist etwas tun lassen, er sitzt nur da und atmet, schaut sich vielleicht das Blätterdach im Pantaleonspark an, atmet und genießt. Er ist bei sich. Ungefähr so wie Kinder, die sich im Spiel verlieren und völlig in ihre Welt abtauchen; wahrscheinlich sind Kinder die Meister der Pause. Und ich möchte den Menschen Mut machen, einmal zu experimentieren und herauszufinden: Welche Pause passt zu mir? Denn, um es noch einmal auf den Punkt zu bringen: Wer öfter ein bisschen langsam macht und eine Pause einlegt, kommt langfristig gesünder voran im Leben.

Thomas Rüttgers' Top 5 der Pausensignale des Körpers

Top 1
Druck im Kopf, speziell im Stirnbereich

Top 2
Verspannter Nacken, verspannte Schultern

Top 3
Müde Augen mit glasigem Blick

Top 4
Hibbelig sein

Top 5
Rückenschmerzen

Zum Kuscheln und Stöbern: Kissen und Kochbücher im TörtchenTörtchen

Pausenübungen nach Thomas Rüttgers

1 Akupressur gegen Kopfweh
Üben Sie Druck auf die Nasenwurzel aus. Verschränken Sie dazu die Finger beider Hände und legen Sie die Daumen an die Nasenwurzel. Üben Sie etwas Druck aus, ziehen Sie dann die Daumen in Richtung Stirn langsam nach oben. Wiederholen Sie die Übung. Das entspannt das Gesicht.

2 Atmen gegen Verspannungen
Setzen oder stellen Sie sich aufrecht bei Schulter- oder Nackenweh. Schließen Sie die Augen oder lassen Sie den Blick in die Ferne schweifen und atmen Sie ein und aus. Betonen Sie das Ausatmen. Lassen Sie dabei die Schultern mit der Schwerkraft nach unten sinken. Wiederholen Sie das fünf bis zehn Atemzüge lang. So richten Sie sich automatisch auf, der Schulterbereich entspannt.

3 Augenyoga wider den glasigen Blick
Setzen Sie sich aufrecht, das Kinn ist parallel zum Boden. Suchen Sie sich einen Gegenstand im Nahbereich, einen in der Ferne. Sie sollten beides sehen können, ohne den Kopf zu bewegen. Fokussieren Sie fünf Atemzüge lang

den Gegenstand im Nahbereich, fünf Atemzüge lang das Objekt in der Ferne. Wechseln Sie für drei Atemzüge zum Objekt im Nahbereich, lassen aber das Objekt in der Ferne nicht ganz aus den Augen. Während drei weiterer Atemzüge fokussieren Sie wieder das Objekt in der Ferne, lassen aber das in der Nähe nicht ganz aus dem Blick. Schließen Sie die Augen für drei Atemzüge. Sie werden Ihnen die Erholung danken.

4 Atmen gegen hibbelige Füße
Stellen Sie sich hin, die Füße sind schulterbreit parallel zueinander. Das Gewicht ist gleichmäßig auf Ballen und Ferse verteilt. Atmen Sie dreimal ein und aus, spüren Sie dabei den Boden unter den Füßen. So entweicht die Anspannung in den Boden.

5 Rütteln gegen Rückenschmerzen
Stellen Sie sich hin, die Füße sind schulterbreit parallel zueinander. Das Gewicht ist gleichmäßig auf Ballen und Ferse verteilt. Federn Sie in mehreren Minikniebeugen nach unten und wieder hoch. Verharren Sie in der Beuge und atmen fünf- bis zehnmal ein und aus. Strecken Sie nun langsam die Arme über die Seite hoch. Stellen Sie sich vor, Sie wollten ein Seil vom Himmel herunterziehen, mal mit der rechten, dann mit der linken Hand. Ziehen Sie es mit den Händen herunter, strecken Sie sich immer wieder tüchtig dabei. Nach fünf Wiederholungen lassen Sie die Arme über die Seite wieder nach unten sinken und rütteln den unteren Rücken mit weiteren Minikniebeugen noch einmal durch. Wiederholen Sie den Ablauf dreimal. Atmen Sie tief durch und spüren der Auflockerung im Rücken nach.

So lässt es sich entspannen: Die Schwimmreifenlampen im Törtchen-Törtchen (rechts) verströmen ein gemütliches Licht, der Buddha am Eingang des Escape-Rooms Indizio (Tipp 2, Seite 16) gilt als Meditationssymbol.

SPEZIAL

ALTSTADT-SÜD

Wo Köln sehr kölsch daherkommt

Der vielleicht traditionellste Stadtteil der Innenstadt ist die südliche Altstadt. Mitten im Zentrum, beliebt bei Touristen, aber nicht so überlaufen, dass kein Kölner mehr dort lebte. Politisch Interessierte wissen vielleicht auch, dass Konrad Adenauer in diesem Teil der Stadt zur Welt kam.

Es ist das Viertel der Mauritiustherme mit ihren Wellnessangeboten, des Design-Hotels im Römerturm, gebaut in Europas einst größtem Wasserturm, und es ist das Viertel der Wolkenburg, dem Veranstaltungszentrum, dessen windgeschützter Innenhof mit den Olivenbäumchen an unbeschwerte Tage in der Toskana erinnert.

Und: Die Altstadt-Süd ist die Heimat des Reiterkorps Jan von Werth, dessen Tradition auf einer traurigen Legende beruht: Jan war Knecht und warb um die Gunst der Magd Griet. Der war er aber nicht gut genug, sie wollte etwas Besseres. Er zog fort. Und als er zurückkehrte, kam der Reitergeneral als Held des Dreißigjährigen Krieges. Griet dagegen war es schlecht ergangen. Es ist die klassische Geschichte der Hochmut, die vor dem Fall kommt.

TIPP 1

Der Trude-Herr-Park

Was: Grünanlage
Wo: Zwischen Dreikönigen- und Bayenstraße, Zugasse und Zwirner Straße
Für wen: Trude-Fans, Spaziergänger, Boule- und Basketballspieler, Spielplatzgänger
Besonderes: Zweimal im Jahr veranstaltet die Gemeinschaftsgrundschule Zwirner Straße einen Familienflohmarkt im Trude-Herr-Park. Mehr Infos unter zwirnerstrasse.de/wir-sind-aktiv/wir-laden-euch-ein.
Kosten: Keine
Anbindung: Mit den KVB-Linien 3, 4, 17, 106 oder 132 zur Severinstraße oder mit den Linien 15, 16, 17,106, 132, 133 oder 142 zum Chlodwigplatz

Denkmal für einen kölschen Superstar: Trude Herr

Das Herzstück des Trude-Herr-Parks am Bürgerhaus Stollwerck? Ist ein Denkmal, na klar. Es zeigt Trude Herr (1927–1991) in dreifacher Ausführung: Die Schauspielerin und Sängerin mal singend mit Mikrofon, mal tanzend, mal gestikulierend. Es ist eine Plastik von Elmar Schulte, er hatte sie im Jahre 2002 für etwa 70 000 Euro aus rostrotem Stahl gefertigt. Zehn Jahre später hatte der Südstädter Maler Guido Mertens die bis dahin fehlende Lackierung auf eigene Kosten nachgeholt, und durch Spenden, die der Trude-Herr-Fanclub zusammengetragen hatte, kam's endlich zur Gravur: „Mir verlasse dich nit!", heißt es am Sockel. Nun leuchtet das Denkmal in alle Parkteile hinüber.

Zum Beispiel in den Bereich für die Boulespieler in Richtung Rheinufer. Dann ist da der Bolzplatz mit den Fußballtoren und den Basketballkörben, der Spielplatz mit den Klettergerüsten. Und es sind über den Park verteilt ordentlich viele Bänke aufgestellt entlang der Wege, die gesäumt sind von Bäumen, die Schatten spenden.

Wer Lust zum Beispiel auf einen Kaffee hat: Zur Ostseite des Parks hin liegt das Bürgerhaus Stollwerck mit dem „Café Franz". Benannt nach Franz Stollwerck (1815–1876), dem Gründer der gleichnamigen Schokoladenfabrik. Als diese aufgelöst war und das ehemalige Fabrikgelände saniert wurde, fand das Bürgerhaus Stollwerck seinen neuen Platz in den Räumen eines preußischen Proviant-Amts von 1906. Das Kulturzentrum gilt mit seinen fast 6400 Quadratmetern Nutzfläche als eins der größten Bürgerhäuser Nordrhein-Westfalens. Und es ist das einzige, über das Trude Herr von ihrem Denkmal aus wacht.

TIPP 2

Das Agrippabad

Was: Schwimmbad
Wo: Kämmergasse 1
Für wen: Schwimmer und Saunagänger
Besonderes: Sieben Meter hohe Kletterwand, 130 Meter lange Wasserrutsche
Kosten: Erwachsene zahlen 6,40 Euro für zweieinhalb Stunden, Jugendliche 4,– Euro, Kinder unter sechs Jahren 1,– Euro
Anbindung: Mit den KVB-Linien 3, 4, 16 oder 18 zur Poststraße

Hat's in sich: Die Kletterwand ist eine der Attraktionen im Agrippabad.

Das Kreischen kennt jeder: Vom Rummelplatz oder aus dem Freizeitpark, überall gibt's mindestens einen Quieker auf der Achterbahn. So wie im Agrippabad an der Kämmergasse 1: Da gibt's eine Riesenwasserrutsche, 130 Meter ist sie lang. Um an den Start zu gelangen, müssen Rutschwillige erst einmal die Wendeltreppe hinauf steigen, aufs grüne Licht warten – und ab geht die wilde Tour durch die Kurven der Röhrenrutsche, links, rechts und immer, immer runter, dem sicheren Platsch entgegen.

Ein Riesenwasserspaß, genauso wie die Kraxelei an der Kletterwand, die direkt ans Springerbecken gebaut ist. Sieben Meter führt sie hinauf in Richtung Hallendecke. Zwei Kumpel probieren sich daran aus: Der erste schwimmt von der Leiter hinüber zur Wand, klettert los, greift vorsichtig mit den Händen, fühlt mit den glitschigen Füßen. Erschwertes Klettern, erhöhter Nervenkitzel. Der Kletterer macht seine Sache gut, findet Tritt um Tritt den Weg nach oben, sein Kumpel feuert ihn vom Beckenrand aus an. Solange, bis der Freund doch daneben greift, er verliert den Halt und stößt sich weg von der Wand, rittlings fällt er ins Wasser. Als er auftaucht, macht

In der Form einer Welle: Selbst die Glasfassade des Agrippabades hat mit Wasser zu tun.

sich sein Freund auf den Weg zur Wand. Vorsichtig greift er nach den ersten Vorsprüngen, sein Kumpel dirigiert ihn vom Beckenrand aus. Vergeblich. Der Freund schafft's nicht einmal ganz raus aus dem Wasser. Gemeinsam lachen sie über das Erlebnis.

Etwa 460 000 Besucher lockt das Agrippabad im Jahr. Sie nutzen die Schwimmbecken, den Springerbereich samt 10-Meter-Turm, die Außenanlagen, die Rutsche, die Sauna. Das hätte bestimmt sogar Marcus Vipsanius Agrippa gefallen, dem römischen Feldherrn, der bereits 39 vor Christus das spätere Köln vermessen haben soll und damit als Stadtvater gilt. Und natürlich als Namensgeber des Agrippabades.

TIPP 3

Der Pantaleonspark

Was: Park

Wo: Ecke Rothgerberbach / Weidenbach

Für wen: Spaziergänger

Besonderes: Nahe am Pantaleonspark liegt das Kloster Maria vom Frieden der unbeschuhten Karmelitinnen. Die Schwestern um Priorin Ancilla Wißling betreiben dort ein Gästehaus für Menschen, die eine Pause vom Alltag und Stille suchen. Kontakt unter: **karmelitinnen-koeln.de.**

Kosten: Keine

Anbindung: Mit den KVB-Linien 12, 15 oder 16 zur Eifelstraße

Überquert man von der Poststraße aus die Fußgängerbrücke über den Rothgerberbach, dann gelangt man auf der anderen Seite in den Pantaleonspark. Dessen Ursprünge gehen auf die Klosteranlage von Sankt Pantaleon zurück, der ältesten romanischen Kirche der Stadt. Namensgeber ist der griechische Märtyrer Pantaleon, der Schutzpatron der Ärzte und Hebammen.

Auf dem ursprünglichen Gelände einer römischen Villa entstand im Jahre 957 eine Benediktinerabtei zu seinen Ehren, zu der auch ein Klostergarten gehörte. Und der soll der Grundstock des heutigen Pantaleonsparks sein. Der ist ein hübsches Fleckchen Grün an einer allerdings schrecklich lauten Straße. Dafür laden die Wiesen an schönen Tagen zum Spielen, Liegen, Lesen ein, der Spielplatz vor allem kleinere Kinder zum Klettern und Toben. Die mächtigen alten Platanen, die Rosskastanie und die Blutbuche sind ohnehin wunderschön.

Und wer es noch ein wenig ruhiger haben möchte, der läuft ein Stück weiter den Weidenbach stadtauswärts hinunter und betritt das Tor zu Sankt Pantaleon: Im Innenhof, jenseits der mächtigen Eiben, stehen ein paar Bänke mit direktem Blick auf das Kirchgebäude. Das lässt zur Ruhe kommen.

Versteckt zwischen Bäumen: Sankt Pantaleon ragt über dem gleichnamigen Park auf.

TIPP 4

Der Öko-Markt auf dem Severinskirchplatz

Was: Ökomarkt
Wo: Dienstags und freitags auf dem Severinskirchplatz
Für wen: Ökologisch bewusste Einkäufer
Besonderes: Rings um den Markt lässt es sich bio weitershoppen – im Öko-Supermarkt oder beim Bio-Metzger.
Kosten: Gucken kostet nichts, dann hängt's vom Einkauf ab.
Anbindung: Mit den KVB-Linien 3, 4, 17, 106 oder 132 bis zur Severinstraße oder mit den Linien 15, 16, 17, 106, 132, 133 oder 142 zum Chlodwigplatz

Da ist was los: Käse, Obst und Gemüse sind gefragt auf dem Öko-Markt am Severinskirchplatz.

Der Ökomarkt auf dem Severinskirchplatz ist nicht groß. Aber dafür herrscht eine familiäre Stimmung, wenn die Tagesmutter mit den drei Kindern im Wagen kommt und bei „Stadt, Land, Gemüse" Sonnenblumen für ihre Gruppe kauft. „Schaut mal", hält sie die großen, runden, goldgelben Blütenköpfe in den Wagen. „Oh", ruft das erste Kind und will die Blüte mit den Fingerchen untersuchen. Die Tagesmutter ist aber schneller und legt die Blumen außer Reichweite oben auf den Wagen drauf.

Dienstags und freitags sind die Marktbeschicker da. Vollkornbrot gibt's, Obst, Gemüse, hausgemachte Wurst und hofeigene Milchprodukte. Alle Waren stammen aus kontrolliert ökologischem Anbau, dafür soll der Organisator Agrarkonzept jedenfalls Sorge tragen. Auch dafür, dass die Produkte möglichst aus lokaler Produktion stammen.

So wie die Eier, die sich ein Kunde von den ausgestellten Tabletts klaubt und eins nach dem anderen in die Eierkartons füllt, die er offensichtlich von daheim zum Einkauf mitgebracht hat. Zum Nachmachen empfohlen.

TIPP 5

Die Museumsinsel

Was: Zwei Museen
Wo: Am Schokoladenmuseum 1a, Im Zollhafen 1
Für wen: Schokoliebhaber und Sportfans
Besonderes: Ganzjährig der Blick auf den Rhein vom Außenbereich, insbesondere von der Dachterrasse des Schokoladenmuseums aus, in der Adventszeit der mittelalterliche Weihnachtsmarkt vor den beiden Häusern
Kosten: Schokomuseum: je nach Wochentag variabel, Kinder bis 6 Jahre zahlen keinen Eintritt. Sport- und Olympiamuseum: Erwachsene 6,– Euro, Schüler, Azubis, Studenten und Schwerbehinderte 3,– Euro.
Anbindung: Mit den Linien 1, 5, 7, 9, 106, 132 oder 133 bis zum Heumarkt oder mit der Linie 133 zum Schokoladenmuseum

Hände hoch: Statue am Sport- und Olympiamuseum

Klare Linien: Die älteste Rheinbrücke Kölns von 1896
führt die Besucher auf die kölsche Museumsinsel.

Berlin hat seine Museumsinsel, Köln auch. Und da lässt es sich wirklich fein pausieren. Zum Beispiel mit selbst mitgebrachtem Picknick an der Statue des Heiligen Nikolaus, der vom Schokoladenmuseum aus auf den Rhein schaut. Kein Wunder, ist er doch unter anderem der Schutzpatron der Seefahrer und Binnenschiffer.

Dann ist da das Café im Schokoladenmuseum, genauso wie das Bistro im Deutschen Sport- und Olympiamuseum, der Schoko-Shop im Schokomuseum, aber auch die Gastronomie auf der und rings um die Museumsinsel.

Und dann ist da natürlich – um im Bilde zu bleiben – das Futter für den Kopf, das beide Museen anbieten. Das Schokoladenmuseum informiert über den Anbau, die Kultur und auch die Weiterverarbeitung des Kakaos – bis hin zum berühmten Schokoladenbrunnen, an dem jeder Besucher seine frisch in Schokolade getunkte Waffel bekommt. Und das Sport- und Olympiamuseum über 3 000 Jahre Sportgeschichte, von der Antike bis hin zu modernen Trendsportarten. Und das vor allem für Kinder (aber auch für Teambuildings – falls eine Pause vom Büroalltag gewünscht ist) immer wieder Besonderes bietet: Zum Beispiel eine Partie Hockey auf dem Museumsdach, ein Schussduell auf die Torwand des ZDF-Sportstudios, einen Rennradtest durch den Windkanal. Oder natürlich die Taschenlampenführung „Nachts im Museum", die kölsche Version des modernen Kinoklassikers, jeden ersten Samstag im Monat.

TIPP 6

Das Griechenmarktviertel

Was: Veedel mit Dorfcharakter in der City

Wo: Rings um die Straßen Kleiner und Großer Griechenmarkt sowie die Thieboldsgasse

Für wen: Jeden

Besonderes: Die Deepejasser Kirmes im Sommer, das alljährliche Veedelsfest am Wochenende nach Fronleichnam

Kosten: Erstmal keine

Anbindung: Mit den KVB-Linien 1, 3, 4, 7, 9, 16, 18, 136 oder 146 bis zur Haltestelle Neumarkt oder mit den Linien 3, 4, 16 oder 18 zur Poststraße

Kellner mit Charakter: Sein Chef sagt, Köbes Jakob Pohl sei ein „Kölner Original".

Egal, wen man am Kleinen Griechenmarkt oder in den umliegenden Gassen und Straßen fragt, im Grunde sind sich alle einig: Im Griechenmarktviertel lässt es sich leben wie im Dorf, mitten in der Stadt und dennoch nicht anonym.

Es gibt aber auch wirklich viele Treffpunkte im Veedel. Da ist zum Beispiel Bäckermeister Heinz-Josef Probst, der seine Brötchen noch in Handarbeit selber backt – direkt im Veedel. Und dessen Backwaren in der Brotecke Lemmen auch entsprechend schmecken. Für viele zum Frühstück. Wenngleich Frühstückszeit zum Beispiel für die hier beheimatete Karnevalsberühmtheit Marita Köllner („Et fussich Julche") auch schon mal der frühe Nachmittag sein kann. Oder da ist das Brauhaus Reissdorf. Es wird gemunkelt, wer im Griechenmarktviertel lebt und nicht im Brauhaus das Wochenende einläutet, um den machen sich die Nachbarn Sorgen. Denn, und da sind sich alle einig, hier kennt man sich, hier sorgt man sich umeinander.

Wer Lust hat, kann auch eine sportliche Pause im Agrippabad (Tipp 2) einlegen. Und wer's lieber touristisch mag, schaut sich die Plakette an der Kaygasse an, die an die „Steinahl Schull" und den Lehrer Welsch erinnert, den die Drei Laachduuve unvergessen gemacht haben durch ihren Karnevalsevergreen: „En d'r Kayjass Nummero Null". Mit dem Lied beendet die dort ansässige Katholische Hauptschule noch heute ihre Karnevalssitzungen. Oder das Stückchen Römermauer gegenüber von der Brotecke Lemmen: wahrscheinlich der älteste Teil des Veedels.

Und jetzt alle: „En d'r Kayjass Nummero Null …"

TIPP 7

Der Rheinauhafen

Was: Hafenviertel
Wo: Am Rheinufer zwischen Severins- und Südbrücke
Für wen: Skater, Architekturfans, Wassermenschen, Beachvolleyballer, Gourmets
Besonderes: Laut Sarah Brasack vom Kölner Stadt-Anzeiger kocht Kölns lässigster Sternekoch im Rheinauhafen: Daniel Gottschlich. Der Chef vom Ox & Klee ist großflächig tätowiert und spielt Schlagzeug in der Indie-Rockband Wolv. 2010 hatte er sein Restaurant eröffnet, 2015 bekam der zweifache Familienvater die Auszeichnung mit einem Stern des Guide Michelin.
Kosten: Gucken kostet nichts.
Anbindung: Am nächsten dran an den Rheinauhafen kommt der 133er Bus mit den Haltestellen Ubierring (von Süd nach Nord), Rheinauhafen und Schokoladenmuseum. Er kreuzt den Linienweg der Stadtbahnen 15 und 16 am Ubierring, sowie den der Stadtbahnen 1, 5, 7 und 9 am Heumarkt.

Vorlage für die Kranhäuser: die alten Hafenkräne

Jahrhundertelang war der Dom das Wahrzeichen Kölns, das alle anderen in den Schatten stellte. Erst zwischen 2008 und 2010 hat sich das ein wenig geändert, als der Hamburger Architekt Hadi Teherani mit den drei Kranhäusern im Rheinauhafen die Silhouette der Stadt nachhaltig veränderte. Als Vorlage dienten die alten Hafenkräne samt deren Auslegern. Sechs der denkmalgeschützten Kräne sind im Rheinauhafen erhalten geblieben. Überhaupt dürfte der Rheinauhafen für Architekturfans das interessanteste Stückchen Köln sein. Auf dem Gelände des früheren Hafens, der zu seiner Einweihung im Jahre 1898 als einer der modernsten Deutschlands galt, ist ein neues Stadtviertel entstanden. 1976 hatte der Rat der Stadt die Umnutzung des Gebiets beschlossen. Der Hafen in Niehl war inzwischen ausgebaut worden und hatte den alten Hafen überflüssig gemacht.

Nun stehen da unter anderem die drei Kranhäuser, zwei davon sind Bürogebäude, das nördlichste ist ein Wohnhaus mit 133 Eigentumswohnungen auf 18 Etagen. Auch das Siebengebirge, wie das 170 Meter lange Danziger Lagerhaus wegen seiner vielen Giebel (von der Landseite aus sind es sieben, von der Wasserseite aus neun) heißt, beherbergt Wohnungen und Gewerberäume. Umgebaut wurde es in enger Absprache mit dem Denkmalschutz, genauso wie das benachbarte ziegelrote Kontorgebäude. So viel ist zu schauen, zu entdecken.

Auch am Kap 686, der sportlichen Seite des Rheinauhafens. Dort hat die Stadt am Rheinkilometer 686 – daher der Name – einen 2 000 Quadratmeter großen und beleuchteten Skatepark angelegt. Außerdem gibt's zwei Beachvolleyballplätze, direkt am Ufer gelegen vermitteln sie im Sommer beinahe schon Urlaubsstimmung. Urlaub im neuen Wahrzeichen Kölns.

Modern: Klare Linien kennzeichnen die Architektur im Rheinauhafen, Wasserspiele lockern den Raum auf.

TIPP 8

Die Puszta-Hütte

Was: Uriges Gulasch-Restaurant
Wo: Fleischmengergasse 57
Für wen: Für alle, die sich gern feurig fühlen
Besonderes: „Gulasch seit 1948" lautet die Eigenwerbung. Das muss erst mal einer nachmachen.
Kosten: Je nach Hunger und Bestellung
Anbindung: Mit den KVB-Linien 1, 3, 4, 7, 9, 16, 18, 136 oder 146 zum Neumarkt

Er serviert den Klassiker: Günter Alexis Sardis mit einer Portion Gulasch

Zwei Unternehmen haben sich im Jahre 1948 in Köln gegründet, die im Laufe der Zeit zu Institutionen geworden sind: Da ist zum einen der 1. FC Köln, der größte Sportverein der Stadt. Und dann ist da die Puszta-Hütte an der Fleischmengergasse 57, nahe beim Neumarkt, der vermutlich größte Gulasch-Anbieter der Stadt. Denn Gulasch, das ist das Geschäft der Betreiberfamilie Sardis.

Aus 21 Geheimzutaten besteht ihr Gulasch, das auf einem ungarischen Rezept beruhen soll. Und das kam der Legende nach so: Ein Mann namens Max Lippert soll nach dem Krieg in Ungarn bei einer Bäuerin den Gulasch kennengelernt haben. Das Gericht schmeckte ihm so gut, dass er das Rezept zurück mit nach Hause nahm. Wieder daheim zimmerte er sich in Köln eine Bretterbude für den Verkauf zusammen. Und weil die ungarische Speise in seiner Heimatstadt so gut ankam, zog er schon in den 1950er-Jahren in die Gaststätte, in der die Puszta-Hütte bis heute untergebracht ist. Eine Hütte ist sie zwar längst nicht mehr, der Name soll aber an die Anfänge des Geschäfts erinnern. Inzwischen hat die Hütte zwei Zweigstellen und sogar einen Versandhandel mit dem immer gleichen Produkt: dem Gulasch. Inzwischen hergestellt und verkauft von der Familie um Inhaber Nikolaos Sardis.

In der Kabel-1-Show „Mein Lokal, dein Lokal" waren sich die Gastronomen-Kollegen einig: Der Gulasch aus der Puszta-Hütte ist einzigartig, das Schnellrestaurant ging als Gewinner aus der Show hervor. Und bedenkt man den Werbeslogan „Unser Gulasch hebt den ältesten Jahrgang aufs Fahrrad", könnte das Gericht für den FC in mancher Saison eine Geheimwaffe sein.

TIPP 9

Sankt Gregorius Am Elend zu Köln

Was: Spätbarocke Kirche
Wo: An Sankt Katharinen
Für wen: Kirchenentdecker
Besonderes: Die Kirche Sankt Gregorius befindet sich bis heute im Besitz einer Stiftung der Familie von Groote. Es ist die letzte Kölner Kirche im Privatbesitz. Am jeweils ersten Sonntag im Monat beginnt um 12 Uhr die „Messe für Ausgeschlafene", zu der jeder eingeladen ist.
Kosten: Keine
Anbindung: Mit den KVB-Linien 3, 4, 17, 106 oder 132 zur Severinstraße

Stets geöffnet: Die kleine Kapelle neben der Elendskirche lädt zum Innehalten ein.

Doch, ein wenig unheimlich wirken sie, die Reliefs, die da am Eingang von Sankt Gregorius prangen. Der Elendskirche, wie das spätbarocke Gotteshaus im Volksmund genannt wird. Das „Relief des triumphierenden Todes" erinnert an die Entstehung der Kirche.

Als Religionsflüchtlinge waren die Mitglieder der niederländischen Familie de Groote im 16. Jahrhundert nach Köln gekommen. Zunächst mittellos. Doch rasch erarbeiteten sie sich Wohlstand und Ansehen und begannen, sich sozial zu engagieren. So missfiel ihnen, wie all die nichtkatholischen Verstorbenen auf dem sogenannten „ellendigen kirchoeve" nur notdürftig verscharrt wurden. Sie wollten ihnen einen würdigen Ort für die letzte Ruhe ermöglichen. Dafür ließ die Familie ebenjenen Behelfsfriedhof an der Kapelle Sankt Michael von einer Mauer einfassen.

Jahre später, als die Kapelle verfiel, ließ die Familie auf den Fundamenten zwischen 1764 und 1771 die ursprüngliche Kirche Sankt Gregorius bauen. Sie entstand im Stile des rheinischen Barocks nach Plänen des Architekten und Bildhauers Balthasar Spaeth. Zwar ist die Kirche nicht immer geöffnet, wohl aber der Innenhof des Areals. Und dieser Hof ist ein versteckter kleiner Ort, um Ruhe zu finden.

Zum Innehalten lädt außerdem die später angebaute Schönstatt-Kapelle ein. Besucher werden in dem kleinen Gotteshaus dazu eingeladen, „besondere Dankesschreiben oder Bitten" auf bereitgelegte Zettel zu notieren und diese in eine Vase am Altar zu stecken. Das Versprechen in Bezug auf die Briefe: „Gott und die Gottesmutter schauen danach." Und das ist dann gar nicht mehr unheimlich, sondern unheimlich schön.

Ein wenig unheimlich: das Relief des triumphierenden Todes

1980

Was: Vietnamesische Street-Kitchen
Wo: Bobstraße 28
Für wen: Für alle, die asiatische Küche schätzen
Besonderes: Das Herzblut, das die Betreiber Cam und Hiep in ihr Lokal stecken. Das ist nicht nur Freude am, das ist Liebe zum Beruf und zur Gastfreundschaft.
Kosten: Kommt auf die Bestellung an. Der vietnamesische Kaffee kostet 3,50 Euro, echt vietnamesisch mit Crushed Ice 3,80 Euro.
Anbindung: Mit den KVB-Linien 1, 3, 4, 7, 9, 16, 18, 136 oder 146 zum Neumarkt

Kulinarisches Herz des 1980: Koch Hiep. Zu den Spezialitäten gehört der vietnamesische Kaffee.

Wenn man vom Neumarkt aus in die Straße Im Laach biegt und von dort aus weiter geradeaus geht, dann ist das kein besonders schöner Weg. Sehr grau. Sehr wenig fürs Auge.
Aber sobald es auf die Bobstraße zugeht, dann kann es sein, dass es auf einmal in der Nase prickelt, dass einem unvermittelt ein wunderbarer Duft entgegen strömt, eine Mischung aus Koriander und Basilikum, aus Kokos und Curry und so viel mehr.

Das liegt in erster Linie an Hiep. Hiep ist Koch und Chef im 1980, der vietnamesischen Street Kitchen einen Block entfernt von der Mauritiuskirche. Hiep stammt aus dem Mekong-Delta und ist als Kind nach Köln gezogen. Seine älteren Brüder waren mit der Cap Anamur nach Deutschland geflüchtet, ihre Familie holten sie nach. Hiep ließ sich unter anderem in Tokio zum Koch ausbilden. Irgendwann lernte er Cam kennen. Cam stammt aus Saigon, das sie verließ, um in Köln Informatik zu studieren. „Ich habe viel gekellnert, um mir das Studium zu finanzieren", erzählt sie. „Und dann habe ich mich verliebt." In Hiep. Seither sind sie ein Paar.

Ein Powerpaar, könnte man sagen. 2008 eröffneten sie ihr erstes Restaurant. Dann aber wurde Cam schwanger, sie bekam das erste und bald darauf auch das zweite Kind. „Und kleine Kinder und ein Restaurant, das passt nicht zusammen", sagt sie und schüttelt den Kopf. „Die beiden waren vor allem bei der Großmutter, es hat mir das Herz gebrochen." Also verkauften sie das Restaurant wieder und suchten sich neue Jobs. Inzwischen sind die Kinder größer, und die Eltern wieder durchgestartet: 2016 haben sie das 1980 eröffnet. „Samstags haben wir allerdings geschlossen", betont Cam und lächelt, „der Tag gehört nur der Familie."

Das klingt liebevoll. Genauso wirkt das 1980: Die kleine Terrasse vor dem Eingang ist mit einer bunt gestrichenen Paletten-Wand von der Straße abgegrenzt. Zur Terrasse hin hat Cam eine Blumenwand daraus hergerichtet. Im Restaurant selbst brutzelt und zischt es aus der offenen Küche, aus der Cam zum Beispiel Bánh Mi serviert, „das französisch-vietnamesische Kult-Sandwich", wie es in der Karte heißt, jahreszeitliche Suppen oder vietnamesischen Kaffee.

Der kommt im doppelwandigen Glas, mit etwa einem halben Zentimeter Kondensmilch gefüllt, der Kaffee kommt im Sieb dazu und tropft ungefähr fünf Minuten lang ins Glas. Zurücklehnen und genießen.

Liebe fürs Detail: Das Auge hat im 1980 viel zu entdecken.

1980

DER BUMMEL

Mit Bildhauer Cornel Wachter die Severinstraße entdecken

Wenn Cornel Wachter ans Pause machen denkt, dann heißt das für ihn vor allem eins: Verzällcher halten. Der Bildhauer verlässt gern sein Haus am Sachsenring, in dem er schon seit 1962 wohnt, und erzählt. Mit wem? Das kommt drauf an. Wachter betritt einfach das Vringsveedel, das als das urkölscheste gilt, bummelt über die Severinstraße und trifft mindestens an jeder zweiten Straßenecke einen Bekannten.

Da ist der Walla zum Beispiel. Es ist 10 Uhr morgens, die Severinstraße wirkt, als sei sie gerade aufgewacht und müsse erst einmal in die Gänge kommen. Die meisten Geschäfte sind noch geschlossen, viele der Restaurants und Cafés auch.

Cornel Wachter parkt gerade sein Rad gegenüber von Ludari, seinem Lieblingsitaliener. Der hat zwar auch noch nicht geöffnet, für Cornel Wachter aber schließt er auf, der ist schließlich Stammgast. Der allerdings noch nicht eintritt, sondern zunächst draußen ein Verzällcher hält mit besagtem Walla, einem Herrn um die 70. Das Spiel von Fortuna Köln am Vorabend gegen Borussia Freialdenhoven hat ihr Lieblingsclub Fortuna nur mit viel Glück gewonnen, da sind sich die Herren einig. Dann erst folgt der Espresso. Sein Päuschen mit Kaffee gönnt Cornel Wachter sich immer morgens, wenn er seinen Sohn zur Schule gebracht hat.

Zu Wachters Pausen gehört aber auch Bewegung. Erst einmal will er in Richtung Severinstorburg. Er erzählt über die Geschichte der Severinstraße als Römerstraße, eilt vorbei an den Luftschlangen, die im ersten Stock eines Hauses noch an den Rosenmontagszug erinnern, der sich jedes Jahr über die enge Straße schlängelt. Kurz vor der Torburg bleibt er stehen, deutet auf das gegenüberliegende Eckhaus. Oder genauer: auf die Statue des Heiligen Severin, die überm Eingang des Eckhauses ihren Platz hat. „Die Statue", erklärt Cornel Wachter, „hat Wolfgang Niedecken bemalt." Der Kölsch-Rocker und Frontmann von BAP. „Er hat Severin einen Regenbogenteppich gemalt, da." Er deutet zum namengebenden Veedelsheiligen hinauf. „Das hat für Aufregung gesorgt, als die Statue so bemalt wurde."

DER MENSCH

Cornel Wachter (Jahrgang 1961) ist im Severinsklösterchen geboren und lebt im Severinsviertel. An der Dombauhütte zu Köln lernte er Steinmetz und Steinbildhauer, er arbeitet als freischaffender Künstler und nennt sich „Stilpluralist". Das Kunstmuseum Bonn zeigt zum Beispiel seine Tischskulptur „Diary of an ennuyé" in Anlehnung an die Schul-Attentate von Littleton und Erfurt. Cornel Wachter engagiert sich unter anderem im Vringstreff für Menschen mit und ohne Wohnung, er schafft als Betroffener Öffentlichkeit für das Thema Darmkrebs und er unterstützt seinen Südstädter Lieblingsverein, den SC Fortuna Köln. Seine Mitgliedsnummer? Ist echt kölsch: 11

Cornel Wachter läuft stadteinwärts zur Severinskirche. Auch da zeigt er auf Statuen über dem Eingangsportal: Sankt Severin, Sankt Bruno, Sankt Cyprian und Sankt Cornelius. Nach ihm ist der Künstler benannt. „Für meine Mutter war klar: Wenn ich ein Mädchen würde, hieße ich Cornelia, als Junge Cornel. Sie hat immer gern die Hörnchensmesse besucht. Corn steht für Hörnchen, da wird die Reliquie des Heiligen Cornelius herausgeholt."

Wachter wechselt die Straßenseite. Ein Stück weiter stadteinwärts stoppt er vor dem Odeon-Kino, an Haus Nummer 81. Der Künstler deutet auf eine Plakette, die im Andenken an Trude Herr in den Boden eingelassen ist: „Ich war mit ihrer Schwester befreundet. Eine tolle Frau. Trude dagegen konnte ein Besen sein, wenngleich sie eine begnadete Künstlerin war."

Den Hits eines anderen großen Kölners ist der Karl-Berbuer-Brunnen gewidmet mit dem gleichnamigen Platz davor. Er ist ein wenig ab von der Severinstraße, so, als bilde er den Hinterhof zur Schlagader des Veedels. Bänke stehen auf dem Karl-Berbuer-Platz, die Kneipe Am Brunnen stellt im Sommer zusätzlich Tische hinaus. Es ist ein Platz für Familien. Denn der Brunnen ist so gebaut, dass Kinder daran spielen können. Die Figuren erinnern an Berbuers Lieder wie „Heidewitzka, Herr Kapitän", Steuerräder lassen sich an den Skulpturen bewegen, einige Figuren können sich drehen, eine hat eine Zunge, die sich weiter hinausstrecken lässt.

Das ist aber nur Cornel Wachters zweitliebster Brunnen. Sein liebster ist Johann Christoph Winters gewidmet, dem Begründer des Hänneschen-Puppentheaters. Der Brunnen steht noch ein wenig versteckter: Im Dau. Er grenzt an einen Spielplatz, auf dem Wachter als Kind schon gespielt hat. Der Brunnen ist gespickt mit Details: ein Fisch ist zu sehen, ein Füllhorn, eine Muschel, ein Abbild Winters sitzt oben drauf, seine bekannteste Figur schmiegt sich an ihn. Wachter läuft auf die Rückseite der steinernen Skulptur. „Hier ist noch ein Prengel", sagt er und deutet auf den Hebel, mit dem sich früher Wasser pumpen ließ.

Ein Radfahrer hält an neben Wachter. Er hört seinen Ausführungen über den Brunnen zu, möchte wissen, aus welchem Stein

Severinstraße

DER ORT

Was: Einkaufsstraße
Wo: Severinstraße und Umgebung
Für wen: Für alle, die der kölschen Lebensart auf die Spur kommen möchten
Besonderes: Die vielen Geschäfte, die noch von Inhabern geführt werden
Kosten: Je nach Einkauf und Kaffeeverzehr
Anbindung: Mit den KVB-Linien 3, 4, 17, 106 oder 132 zur Severinstraße oder mit den Linien 15, 16, 17, 106, 132, 133 oder 142 zum Chlodwigplatz

Schön bunt: der Veedelsheilige Sankt Severin

er gehauen ist. Es ist ein Pausenverzäll ganz nach Wachters Geschmack.

Im Jahre 2010 war Darmkrebs bei ihm diagnostiziert worden, er hat das als Weckruf verstanden, seither nimmt er Auszeiten ernst. „Du brauchst Pausen, sonst wirst du bekloppt", findet der Träger des Kunstpreises der Stadt Köln und des Felix Burda Awards, „dann fährst du nur noch deinen eigenen Rücklichtern hinterher." Und darum, darum lasse er eben auch mal die Arbeit an der nächsten Ausstellung für die Documenta oder woran auch immer liegen und breche lieber auf zu einem Bummel über die Severinstraße, zu einem Schwätzchen zum Beispiel mit dem Walla. Oder wen auch immer er treffen mag.

„Wir halten es kölsch bei uns"

INTERVIEW

Die Kneipiers Hella und Hans zum Felde im Gespräch

Es ist ein Nachmittag im Herbst, die Bundesliga läuft, es ist voll im Trierer Eck an der Trierer Straße 21a. Hella zum Felde zapft ein Kölsch, Ehemann Hans unterhält sich an der Theke mit Gästen. Fürs Gespräch über die Kneipe als Pausenort bitten die beiden ins Delfter Eck, eine Nische, möbliert mit einem runden Tisch und einer Rundbank, gefliest, na klar, mit Delfter Kacheln.

Bei Ihnen ist es ja voll! Dabei haben wir doch erst Nachmittag.

Hella: Hier ist es immer voll.

Hans: Immer.

Sonst hört man meist vom Kneipensterben. Aber bei Ihnen ist das offenbar anders. Das Trierer Eck scheint als Pausenort beliebt zu sein. Wie kommt das?

Hella: Die Gäste sagen, das liegt an uns.

Hans: Wenn wir mal im Urlaub sind, heißt es hinterher: Es war zwar schön bei euch, aber nicht wie sonst.

Hella: Wir versuchen, jedem Gast zu vermitteln, dass er uns wichtig ist. Viele machen ja alte Kneipen zu und dafür Lounges auf, die wollen damit das schnelle Geld verdienen. Das funktioniert aber nicht. Jedenfalls nicht auf die Dauer.

Hans (schüttelt den Kopf): Nee.

Hella: Hier kommt jeder hin, vom hohen Banker bis zur kleinsten Maus.

Hans: Jung und alt.

Hella: Polizisten genauso wie die Jungs aus der Studentenverbindung, die gegenüber wohnen. Nach drei Jahren haben die einen Wechsel, dann stellen uns die alten die neuen Studenten vor. Das machen die Polizisten mit den frischen Absolventen der Akademie in Münster übrigens genauso.

DIE MENSCHEN

Hella (Jahrgang 1953) und Hans zum Felde (Jahrgang 1951) führen das Trierer Eck seit 2013. Hella stammt aus Köln, er aus der Nähe von Bremen. Sie ist gelernte Kosmetikerin, er Isolierer. Hella hatte schon immer eine Leidenschaft für die Gastronomie, 1982 hat sie zum ersten Mal in dem Bereich gearbeitet. Im Jahre 2006, Hella hatte im Trierer Eck als Bedienung angefangen, lernte sie Hans beim Online-Dating kennen, sie verliebten sich und heirateten. 2013 übernahmen sie die Kultkneipe. Sie leben in Sülz

Nochmal: Was machen Sie denn mit all den Menschen, dass die so gern wiederkehren?

Hella: Wir sind für sie da. Wir interessieren uns für sie. An der Theke steht zum Beispiel ein Stammkunde, der ist ruhiger als sonst, da stimmt was nicht. Ich hab' ihn eben gefragt: Was ist los? Noch hat er mir das nicht gesagt, er weiß aber, wenn er möchte, dann kann er mit mir reden. Und wenn er's nicht möchte, ist das genauso gut. Er weiß jetzt, dass mir sein Kummer aufgefallen ist, dass er mir als Mensch nicht egal ist. Und das ist, glaube ich, was zählt. Ich freue mich mit den Gästen, ich heule aber auch mit Ihnen.

Heulen Sie wirklich mit?

Hella: Oh ja. Wenn es mir zu viel ist, sitze ich sogar abends noch auf dem Sofa zu Hause und heule. Dann muss das raus. Ne, Hase?

Hans (nickt)

Hella: Ich nenne meinen Mann Hase. Echte Stammgäste dürfen das auch. Aber das müssen sie sich erst verdienen.

Zapft ein frisches Kölsch: Hella zum Felde ist Wirtin aus Leidenschaft.

Trierer Eck

DER ORT

Was: Kultkneipe

Wo: Trierer Straße 21a

Für wen: Gesellschaftstrinker, Fußballfans, Schocken-Spieler, Skat-Klopper, Fans der kölschen Lebensart

Besonderes: Ein Traumhaus für Fußballfans: Die WM-Flagge säumt die vordere Fassade, auf die Balkone sind sämtliche WM-Sieger-Nationen aufgemalt.

Anbindung: Mit den KVB-Linien 12, 15, 16 oder 18 zum Barbarossaplatz

Von dem bekümmerten Stammgast haben Sie gerade erzählt. Haben Sie noch ein weiteres Beispiel dafür, wie Sie sich um Ihre Gäste sorgen?

Hella: Och, da könnte ich dir ein ganzes Buch mit füllen.

Hans: Bestimmt (lächelt).

Hella: Zum Beispiel haben wir eine ältere Dame, die schon jahrelang zu uns kommt, die aber allmählich ein wenig verwirrt ist. Sie hat ihren Schlüssel bei uns deponiert, falls sie mal drei Tage nicht kommt, sollen wir zur Not bei ihr nachschauen können.

Nachbarschaftshilfe, schön. Kommt auch mal wer, den Sie nicht mögen?

Hella: Klar, ist da schon mal ein Blödmann dabei. Den bediene ich wie jeden anderen auch, das gehört zum Geschäft. Ich habe mich aber auch schon in Menschen vertan. Dann dachte ich, das wäre ein Blödmann, aber am dritten, vierten, fünften Tag hab' ich festgestellt: Da ist ja doch mehr dahinter. Dann sag' ich dem auch: „Du hast mich angenehm überrascht." Du merkst, wenn ich dich mag. Und wenn ich einen Fehler mache, dann stehe ich dazu. Du kannst ja jedem nur vor die Stirn gucken.

Das klingt fast so, als stecke in Ihnen eine kleine Psychologin.
Hella: Nee, das bin ich nicht. Ich quatsche nur gerne, das war schon immer so. Und ich habe gerne mit Menschen zu tun. Ich brauche Menschen um mich herum, das ist mein täglich Brot, meine Luft zum Atmen.
Hans (lächelt sie an)
Hella: Das und mein Hase. Und dann halten wir es einfach kölsch bei uns: Hier kannst du lecker Kölsch trinken, und du bekommst noch jede Menge Herz dabei. Ich glaube, darum verbringen die Leute ihre Zeit hier so gerne, ihre Pausen. Ach ja, und wegen der Schnitzel vom Hans, die lieben die Gäste.
Hans: Ich mache die Küche.
Hella: Schnitzel, Frikadellen, Gulasch. Alles lecker. Und im Sommer unser Garnelenpfännchen.

Und wenn Sie selbst mal eine Pause machen, wo verbringen Sie die?
Hella: Im Urlaub, unsere Mädels übernehmen dann den Laden, unsere Mitarbeiterinnen sind alle top. Zweimal im Jahr fahren wir weg, das brauchst du auch. Wir sind ja jeden Tag hier von 15 Uhr bis Schluss. Vorher fährst du morgens schon in den Großmarkt und kaufst um 7 Uhr ein, was du für die Küche brauchst. Das sind lange Tage. Und wir reisen einfach gerne. Alle beide.
Hans: Sehr gerne.
Hella: Zuletzt waren wir in Ägypten. Bevor das mit dem Erdogan eskaliert ist, sind wir auch gerne in die Türkei. Das war einmal. Ja, und dann Thailand, Dominikanische Republik, wir sehen uns die Welt an.

Ein Haus für Fußballfans: Das Trierer Eck trägt nicht nur zur WM die Sterne der deutschen Nationalmannschaft.

19 54
H. Rahn
19 74
G. Müller
19 90
A. Brehme
20 14
M. Götze
Hürth
Zollst
Reissdorf Kölsch
Reissdorf Kölsch
Reissdorf Kölsch
frisch und knackig!

NEUSTADT-NORD

Wo Tradition auf Moderne trifft

In den Jahren 1881 bis 1905 war es mal wieder soweit: Die Stadt Köln wuchs. Zwischen den Ringen und der Inneren Kanalstraße beziehungsweise dem inneren Grüngürtel legten die Stadtplaner die Neustadt an.

Der nördliche Teil erstreckt sich zwischen Rhein und Aachener Straße. Und dort steckt eine ganze Menge Tradition drin. Da ist zum Beispiel das Oberlandesgericht, das seit 1911 im neubarocken Justizpalast am Reichensperger Platz untergebracht ist. Und dessen Richter unter anderem entschieden, Kölsch sei nicht nur eine Gattungsbezeichnung, sondern eine geschützte geografische Herkunftsbezeichnung. Oder das Fort X, das zu den besten erhaltenen Festungsbauwerken in Köln zählt und in dem ein ganz wunderschöner Rosengarten angelegt ist.

All diese Tradition trifft im Veedel auf die Moderne – zum Beispiel im Mediapark mit seinen gläsernen Bauten, oder im Belgischen Viertel, dem vielleicht hipsten Teil der Stadt.

TIPP 1

Der Kölner Skulpturenpark

Was: Freilichtmuseum
Wo: Elsa-Brandström-Straße 9
Für wen: Kulturinteressierte
Besonderes: Jeden ersten Sonntag im Monat bietet die Stiftung Skulpturenpark Köln eine öffentliche Führung an.
Kosten: Keine für den Eintritt in den Park, die Führung kostet Erwachsene 8,– Euro, ermäßigt 2,– Euro, Kinder bis 10 Jahre nichts.
Anbindung: Mit den KVB-Linien 16 oder 18 bis zur Haltestelle Reichensperger Platz, von dort aus zu Fuß in Richtung Zoobrücke

Außenbereich: Im Skulpturenpark sind Werke aus der ständigen Sammlung, aber auch aus wechselnden Schauen zu sehen.

Im Skulpturenpark gibt's Spiegelei. Nicht immer. Aber einen Herbst lang ist die Skulptur „Trilobites" von Pedro Wirtz im 35 000 Quadratmeter großen Park am Fuße der Zoobrücke zu sehen. Drei Spiegeleier, die auf Steinen verlaufen. Eins mit gelbem Dotter, zwei mit schwarzem. Verdorben? „Nein", sagt Leiterin Susanne Stoffel und lacht. „Die schwarzen Dotter", erklärt sie, „erinnern an die Zeit, als es noch Schwarz-Weiß-Fernsehen und Schwarz-Weiß-Fotografie gab, es war ja nicht immer alles bunt."

„Trilobites" ist eine der Wechselausstellungen im Freilichtmuseum, etwa alle zwei Jahre wechseln sieben bis acht Ausstellungsstücke. Die übrigen gut 40 Arbeiten gehören zur Dauerausstellung. Da es sich um ein Museum handelt, sind Fahrräder, Inliner und Ball spielen nicht erlaubt. Für Hunde gilt ein Leinenzwang. 1997 hatte das Sammlerehepaar Eleonore und Michael Stoffel den Park ins Leben gerufen, seit 2008 führt die gemeinnützige Stiftung Skulpturenpark Köln die Idee der Stifter fort. Es ist ein Ort für alle, die Ruhe suchen und sich für zeitgenössische Skulpturen interessieren. Morgens laufen Jogger durch den Park, mittags kommen viele während ihrer Pause aus den nahen Büros. Insgesamt zieht es 60 000 bis 100 000 Menschen im Jahr in den Park.

Vor allem die „Garden Gallery" besuchen sie dann, die Arbeit von Sou Fujimoto, die im Jahre 2011 nach Köln kam. Es war die erste Skulptur, die der heutige Star-Architekt außerhalb Japans realisierte, schon ein Jahr später errichtete er die Serpentine Gallery im Londoner Hyde Park und gewann im gleichen Jahr die Architekturbiennale in Venedig. Die „Garden Gallery", die er für Köln erschaffen hat, ist ein weiß getünchtes Haus ohne Dach. Es ist begehbar und bietet Ein- und Ausblicke durch großzügige Fenster. Und in der Hausmitte wächst eine Gleditschie, die der „Garden Gallery" jahreszeitlich eine immer neue Anmutung verleiht.

Größter Blickfang: die Garden Gallery von Sou Fujimoto

TIPP 2

Der Wochenmarkt auf dem Sudermanplatz

Was: Wochenmarkt
Wo: Auf dem Sudermanplatz
Für wen: Für Frischwarenfans
Besonderes: Der Markt dient auch als Veedelstreff.
Kosten: Erstmal nichts. Dann hängt's vom Einkauf ab.
Anbindung: Mit den KVB-Linien 12, 15, 16, 18, 127, 140 oder 184 zum Ebertplatz

Das Café Mobil parkt auf der Westseite des Sudermanplatzes, zur Marbachstraße hin. Seit 2014 verkaufen Julia Redisiu und Burghard Stephan in der Neustadt-Nord. Sie reichen klassische Kaffeespezialitäten genauso wie das Trendgetränk Cold Brew. Entweder pur – oder als Schorle mit Saft. „Das schmeckt", betont Burghard Stephan, „beim Cold Brew fehlen die Bitterstoffe, die Fruchtnoten kommen zur Geltung. Dadurch schmeckt er mit Traubensaft richtig gut."

Café Mobil: Dieses Café ist speziell für Wochenmärkte entwickelt.

Und die Getränke laden zum Verweilen ein. „Wir servieren eher Kaffee to stay als to go", erzählt Julia Redisiu mit einem Lächeln, „80, 90 Prozent unserer Bestellungen reichen wir in Tassen heraus, ansonsten gibt's Pfandbecher." Neben ihrem kleinen Foodtruck haben sie Tische aufgestellt. Und sie empfehlen auch den Kuchen des Standnachbarn gleich dazu: Dort verkauft der Mühlenbäcker, ein Biobäcker, der seine Brote, Brötchen, den Kuchen und die Teilchen im Bergisch Gladbacher Stadtteil Hand – wie treffend! – von Hand fertigt.

Vom Marktcafé aus ist der Blick an diesem Spätsommermorgen frei auf die Obst- und Gemüsestände, die Eierverkäufer, den Kräuter-, den Geflügel- und den Fischstand, die Hortensien, Chrysanthemen und die Pfefferminze am Blumenstand. Ein Vater mit Kind im Buggy lässt sich erklären, was Portulak sei, eine Händlerin lockt: „Kommen Sie näher, wir beißen nicht!" Und die Kaffeetassen, die klappern munter weiter.

TIPP 3

Mont Klamott, der Herkulesberg

Was: Der höchste Trümmerberg der Stadt
Wo: Herkulesstraße
Für wen: Stadterwanderer
Besonderes: Die Stimmung am Aussichtspunkt bei Sonnenuntergang
Kosten: Keine
Anbindung: Mit den KVB-Linien 3, 4 oder 5 zum Hans-Böckler-Platz / Bahnhof West

Anschaulicher zeigt die Stadt wohl nirgends, was aus dem Krieg erwachsen kann: Der Herkulesberg ist ein Trümmerberg. Nach dem Zweiten Weltkrieg wussten die Stadtplaner nicht, wohin mit all dem Schutt aus der Altstadt. So entstanden einige Hügel und Anhöhen in Köln. Die Hügelkette hinter dem Aachener Weiher zum Beispiel, allen voran der Aachener Berg, der im Volksmund genauso wie der Herkulesberg „Mont Klamott" getauft wurde. Eine Zusammensetzung aus „Mont", dem französischen Wort für „Berg" und „Klamott", das der Kölner Journalist Bernd Imgrund mit „Berg aus allem möglichen Zeugs" übersetzt.

Der Herkulesberg ist aber nicht nur dem Namensvetter Herkules, dem griechischen Sagenhelden, nach der größere der beiden Trümmerberge in der Innenstadt. Die Bläck Fööss haben ihm auch ein Denkmal gesetzt: In ihrem Überhit „Mer losse d'r Dom in Kölle" überlegen sie, wenn der Mont Klamott am Ende noch Zuckerhut hieße, bliebe der Dom wirklich nicht in Köln. Die Folge? „Do köm dat Panorama schwer in brass".

Spaziert man den Mont Klamott von der Herkulesstraße her hinauf, lässt sich schwer vorstellen, dass ihn irgendwas „in brass" bringen könnte. Außer vielleicht die Klimaerwärmung. Aber hier ist ein Stadtwäldchen entstanden auf diesem Trümmerhügelrücken, Leben aus den zerbombten Resten einer Stadt gewachsen. Die Bäume färben sich rot und gelb und braun an diesem Herbstnachmittag, die Vögel zwitschern, es duftet nach Laub. Ab und zu kommen Jogger vorbei. Ein Pärchen hält sich eng umschlungen auf einer Bank, zwei Frauen fotografieren sich gegenseitig an der Stahlbrücke, die vom Mont Klamott über die Bahngleise zum August-Sander-Park führt. Und auch das kulturelle Leben blüht am Herkulesberg – im Sommer finden hier gerne mal Filmvorführungen unter freiem Himmel statt.

Trümmerberg mal ganz romantisch: der Blick auf den Colonius bei Sonnenuntergang vom Herkulesberg aus

Café Schnurrke

Was: Kölns erstes Katzencafé
Wo: Ritterstraße 27
Für wen: Katzenfans und Caféliebhaber
Besonderes: Vier Katzen laufen frei durchs Café, wollen schmusen, sich neue Gäste anschauen oder auch mal in Ruhe gelassen werden, um zu schlafen.
Kosten: Je nach Verzehr
Anbindung: Mit den KVB-Linien 12, 15 oder 127 oder mit den S-Bahnen 6, 11, 12 oder 13 bis Hansaring

Café für Tierfreunde: Im Schnurrke gibt's echte Katzen, die gern auf dem Sofa lümmeln und sich auch streicheln lassen.

Lora ist braun, ocker und schwarz getigert und sie ist, wofür das Wörtchen „neugierig“ erfunden wurde. Lora ist eine der vier Katzen, die im Café Schnurrke an der Ritterstraße wohnen, dem ersten Katzencafé Kölns. Doch, doch, Katzencafé. Menschen können dort zum Beispiel jede Menge Kaffeespezialitäten oder hausgemachte Biolimonaden trinken, Kuchen oder Suppe essen und dabei Katzen streicheln, kraulen, fotografieren. An diesem Tag vor allem Lora, sie begrüßt alle Neuankömmlinge, streift ihnen um die Beine, springt ihnen auf den Schoß. Sonst ist das Cleos Job, die eigentlich viel aufgeschlossener ist als Lora.

„Oh", ein Raunen geht durchs Café, „guck mal!" Die Gäste, alle Tische sind nur eine halbe Stunde nach der Geschäftsöffnung bereits besetzt an diesem Freitagmittag, schauen nach oben. Kater Freddy hat sich auf einen Balken gelegt, die Beine lässt er links und rechts herunterbaumeln, träge legt er den Kopf aufs Holz, schaut mal rechts, mal links hinunter auf die Menschen. Cheri hat sich währenddessen aufs Sofa verkrümelt und döst auf einem Kissen vor sich hin. Die Gäste lassen sie in Ruhe, die meisten haben selbst Katzen daheim und wissen: Schlafende Katzen sollte man genauso wenig wie schlafende Hunde wecken. Falls die Katzen trotzdem mal zu viel von den Gästen haben, können sie sich in einen Ruheraum zurückziehen.

Wolf Schönwälder und Alex Valender haben das Café Anfang 2018 übernommen. Beide hatten lange in der Gastronomie gearbeitet, hegten den Traum von der Selbstständigkeit. Seither sind sie die Gastgeber im Café Schnurrke. Die Katzen haben sie aus dem Tierschutz, die neugierige Lora war zum Beispiel aus einer Mülltonne gerettet worden. Und heute begrüßt sie zutraulich die Gäste. Schön.

Aus dem Tierschutz: Die Katzen vom Schnurrke haben im Café ein neues Zuhause gefunden.

TIPP 5

Rings ums Eigelsteintor

Was: Platz mit Cafés, Restaurants, das Tor ins Eigelsteinviertel
Wo: Eigelstein
Für wen: Jeden, der das Flair vom Süden mit den dort üblichen Straßencafés mag.
Besonderes: Das Textilcafé ist herrlich verwinkelt und lädt zum Verweilen ein. Um zum Beispiel Tapas wie Linsensalat, eingelegte Auberginen oder Hähnchen in Weißweinsauce mit Datteln zu probieren. Oder um ausgewählte Stücke der ausgestellten Mode anzuprobieren. Weitere Infos: textilcafe.de
Kosten: Erstmal nichts, dann kommt es auf den Verzehr an.
Anbindung: Mit den KVB-Linien 12, 15, 16, 18, 127, 140 oder 184 zum Ebertplatz

Ein Hingucker: An der Fassade des Textilcafés hängen bunte Holzstühle.

Wenn das Wetter schön ist, fühlt es sich an wie Urlaub in den Cafés und Restaurants rings um die Eigelsteintorburg. Der Platz ist vollgestellt mit bunten Stühlen, einige aus Holz, andere sind Korbmöbel. Am Textilcafé hängen Stühle sogar an der mit Mosaik besetzten Fassade.

Das kölsche Bistro und Restaurant Klaaf lockt mit Deftigem, das Ristorante Rossini mit italienischen Klassikern, die Gelateria Porta Romana mit Eis. Die Buchhandlung am Eigelsteintor hat Friedenspreisträger Navid Kermani einmal im Börsenblatt seine liebste Buchhandlung genannt. Und es gibt noch so viel mehr zu entdecken. Um die Ecke am Türmchenswall beispielsweise zeigt das private Horizont Theater wunderbar entstaubte Klassiker von William Shakespeare oder Oscar Wilde, dazu Zeitgenössisches und vor allem Kindertheater.

Entstanden sein soll die Eigelsteintorburg zwischen 1228 und 1248, sie war Teil der mittelalterlichen Befestigung und sicherte den nördlichen Zugang zur Stadt. Sie gilt als eine der am meisten besuchten Sehenswürdigkeiten der Stadt. Sogar Napoleon Bonaparte soll hier einmal durchgekommen sein, als er im Jahre 1804 mit seiner Frau Joséphine in die Innenstadt Einzug hielt. In preußischer Zeit war die Torburg als Gefängnis genutzt worden, heute unterrichten hier die Dozenten der Offenen Jazzhausschule Köln. Das passt auch viel besser zur Atmosphäre.

Die Eigelsteintorburg: Das mittelalterliche Stück Köln gibt dem Platz und auch dem umliegenden Quartier seinen Namen.

TIPP 6

Der Rosengarten am Fort X

Was: Park
Wo: Neusser Wall 33
Für wen: Für Naturfreunde, Rosenliebhaber, Ruhesucher
Besonderes: Der Park um den Rosengarten am Fort X ist benannt nach der Lyrikerin Hilde Domin (1909–2006), deren Geburtshaus ganz in der Nähe an der Riehler Straße 23 steht. Ihren ersten Gedichtband nannte die Kölnerin „Nur eine Rose als Stütze".
Kosten: Keine
Anbindung: Mit den KVB-Linien 12 oder 15 bis zur Lohsestraße, mit den Linien 16 oder 18 zum Reichensperger Platz oder mit der Linie 140 zur Worringer Straße

Er hat etwas von der Kulisse eines Rosamunde-Pilcher-Films: der Weg durch die dicken Festungsmauern des Fort X, genannt „Prinz Wilhelm von Preußen", zum Rosengarten hin. Wildromantisch mit dem Efeu, das die roten Backsteinmauern wie ein grüner Wasserfall belebt. Und dann der Moment, wenn man die Mauern hinter sich lässt, den Serpentinenweg hochsteigt zum oberen Rand der Festungsanlage von 1819, dorthin, wo der Rosengarten angelegt ist: Was für ein Aha-Effekt!

Denn oben angekommen ist der Blick frei auf die Rose „Bella", die leuchtend weiß blüht, „Goldmarie", die gelb daneben glänzt. Dazu all die roten, rosa- und orangefarbenen Blüten. Gut 2000 Rosen in 40 verschiedenen Sorten sind es insgesamt, die hier blühen. Und alles ist so akkurat angelegt, wie es auch jedem englischen Landschaftsgärtner gefiele. Das ist das Werk Fritz Enckes, der stets Wert auf Symmetrie legte und der nach Stationen an der Königlichen Gärtnerlehranstalt und im englischen Chester im Jahr 1903 zum Kölner Gartenbaudirektor berufen wurde.

Der Rosengarten am Fort X soll übrigens ein Herzenswunsch des damaligen Kölner Oberbürgermeisters Konrad Adenauer (1876–

1967) gewesen sein: Er war erklärter Rosenliebhaber. Den möglicherweise auch schon mal der Pavillon in der Ecke des Gartens zum Verweilen eingeladen hat, nun sitzt ein Herr an diesem Spätsommervormittag ein Stückchen weiter auf einer der Parkbänke und liest, eine Frau mustert von einer anderen Bank die Besucher, die durch den Rosengarten flanieren. Ihre Schritte knirschen auf den frisch geharkten Kieswegen. Sie unterhalten sich über die Rosen, die sie jüngst auf der Insel Mainau am Bodensee gesehen haben. Da sei es fast so romantisch gewesen, finden sie, wie in den Kulissen der Rosamunde-Pilcher-Filme.

Wer Rosen mag, wird ihn lieben: Im Rosengarten brummen Bienen und Hummeln von einer Blüte zur nächsten, der Wind streicht sachte, ein Ruhe-Hort.

TIPP 7

Der Ebertplatz

Was: Innenstadtplatz mit Park
Wo: Ebertplatz
Für wen: Freiluftkaffeetrinker und Pausenbrotdraußenesser
Besonderes: Die Rolltreppen zum Platz sind bereits seit 2004 defekt. Bis zur Neugestaltung des Ebertplatzes sollen alle defekten Rolltreppen in Kunstwerke umgestaltet werden.
Kosten: Keine
Anbindung: Mit den KVB-Linien 12, 15, 16, 18, 127, 140 oder 184 zum Ebertplatz

Er sprudelt wieder: der Brunnen auf dem Ebertplatz

Der Ebertplatz? Ein Pausentipp? Wieso? – denkt bestimmt so mancher Kölner. Wohl wissend, dass dem Platz jahrelang ein Schmuddelimage anhing (Urinal! Drogenumschlagplatz!). Aber das hat sich geändert, zumindest tagsüber, und es soll sich auch weiter ändern. 2018 hat die Stadt Köln den Brunnen (oder offiziell: die „Wasserkinetische Plastik" des Künstlers Wolfgang Göddertz), das Herzstück des Ebertplatzes, nach mehr als 15 Jahren wieder in Betrieb genommen, abends sogar beleuchtet.

Um 10 Uhr geht morgens das Wasser an, an warmen Tagen können Kinder durchlaufen. Für Eltern und alle, die es sich zur Pause gern draußen gemütlich machen, sind Sitzgelegenheiten entstanden. Eine überraschende Oase, umringt vom regen Autoverkehr.

Der ist vom Platz selbst aus nicht zu sehen, nur zu hören. Dazwischen liegen Beete, teils haben Anwohner Patenschaften dafür übernommen, im Spätsommer blühen noch gelbe Sonnenblumen, rosafarbene Sonnenhüte und rote Dahlien.

Von 2021 an soll der Ebertplatz dann ein ganz neues Gesicht bekommen: Wie genau er eines Tages aussehen könnte, steht zwei Jahre vorher noch nicht fest, ein Architekturwettbewerb soll folgen. „Nur in einer Frage sind sich nach meiner Beobachtung alle einig", sagt Ratsherr Ralph Sterck: „Der Brunnen soll auch Teil des neuen Ebertplatzes sein!"

Und noch ein Tipp: jenseits der Turiner Straße erstreckt sich ein kleiner Park längs des Theodor-Heuss-Rings, so, als wäre er die grüne Verlängerung des Ebertplatzes. Samt Teich, auf dem Enten schnattern, an dem ein Reiher auf Fische lauert, an dem sich das Schilf sachte im Winde wiegt und ein Schwarm Kanada-Gänse Gras von den großzügigen Rasenflächen rupft.

Umzingelt vom Theodor-Heuss-Ring:
der Park, der sich an den Ebertplatz anschließt

Das Kölner Weinmuseum

Was: Museum zum Thema Weinbau in Köln, Deutschland und der Welt
Wo: Amsterdamer Straße 1
Für wen: Wein- und Traubenfans
Besonderes: Im Museumseintritt sind zwei Glas Wein für Erwachsene beziehungsweise Traubensaft für Kinder und Jugendliche inbegriffen.
Kosten: Erwachsene: 5,– Euro, Kinder und Jugendliche (bis 16 Jahre): 4,– Euro
Anbindung: Mit den KVB-Linien 16 oder 18 bis Reichensperger Platz

Was der Winzer so brauchte: Das Weinmuseum zeigt historische Geräte aus dem Weinbau.

Franz-Josef Antwerpes, der sogenannte Kurfürst unter den früheren Regierungspräsidenten Kölns, war bekannt dafür, dass er vor seinem Büro 20 Rebstöcke gesetzt hatte. Das Geschenk einer Winzergenossenschaft von der Ahr. Den Burgunder erntete der Chef jedes Jahr und die Winzer kelterten ihm daraus den „Klein Kölnhausener Zuckerberg". Den versteigerte er für gute Zwecke. Und nun: Alle Rebstöcke sind weg. Futsch. Ausgegraben. Offiziell wegen notwendiger Bauarbeiten. Antwerpes vermutet allerdings, seine Amtsnachfolgerin habe nicht gewollt, dass er zur Ernte auf den Balkon vor ihrem Büro komme.

Vielleicht ist das wahr, vielleicht auch nicht, auf jeden Fall ist die Geschichte unterhaltsam, die's zu hören gibt bei einer Führung im Kölner Weinmuseum. Dazu jede Menge Fakten über den früheren Weinbau in Köln: Bereits die Römer hatten die Reben in die

Stadt eingeführt. Und auch Franz-Josef Antwerpes' Spätburgunder-Trauben wuchsen nicht einfach nur am Sitz des Regierungspräsidenten; der Boden hatte vielmehr früher zum Wingert des Klosters Sankt Andreas gehört und war besonders gips- und kalkhaltig, das mochten die Reben. Der Weinbau ist auch heute noch lebendig in der Stadt: Einen Wingert gibt's zum Beispiel auf dem Dach des Kölner Wein-Depots, dessen Besitzer das Weinmuseum betreiben. 720 Rebstöcke haben sie auf dem Dach gepflanzt in 40 verschiedenen Sorten. Und das Beste: Naschen ist ausdrücklich erwünscht. Da sind die süßen Aragonez-Trauben, die für den Rioja verwendet werden, die edlen Touriga Nacional, aus denen Portwein entsteht, Klassiker wie Riesling, Silvaner oder Chardonnay sind vertreten und auch die würzigen Trauben wie Muskateller oder Gewürztraminer.

Der beliebteste Museumstag soll übrigens der Donnerstag sein. Dann bieten im Erdgeschoss wechselnde Winzer Wein zur offenen Verkostung an. Was angeblich auch schon mal die ein oder andere Abteilung aus den umliegenden Büros zur Mittagspause anlockt.

Weinanbau mitten in der Stadt: Der Wingert auf dem Dach des Weinmuseums ist auch von der Zoobrücke aus zu sehen.

TIPP 9

Der Mediapark mit dem August-Sander-Park

Was: Medienviertel mit Park
Wo: Im Mediapark
Für wen: Kinogänger, Architekturfans, Spaziergänger, Jogger, Picknicker, Riesenrutschenliebhaber, Radfahrer, Banksitzer
Besonderes: Im Mediapark 7 ist das Tanzmuseum des Deutschen Tanzarchivs Köln untergebracht genauso wie die Photographische Sammlung, beides betrieben durch die SK Stiftung Kultur. Mehr Infos unter **deutsches-tanzarchiv.de/museum** und **photographie-sk-kultur.de**.
Kosten: Keine
Anbindung: Mit den KVB-Linien 12 oder 15 nach Christophstraße / Mediapark

Als sehe man eine Wasserstadt: der Blick von der Brücke aus in den Mediapark

Der Mediapark ist auf dem etwa 200 000 Quadratmeter großen Gelände des früheren Güterbahnhofs Gereon entstanden. Grünflächen, Wohnhäuser und vor allem Raum für Medienunternehmen sollten dort entstehen, und das sind sie auch – nach dem Entwurf des Architekten Eberhard Zeidler aus Toronto. Er hat sich 1987 ausgedacht, den Mediapark sternförmig anzulegen.

Wer von der Straßenbahnhaltestelle kommt, überquert die Brücke über den Weiher am Mediapark. Auf der einen Seite surren Bumper Boats auf dem Wasser, elektrisch betrieben und mit Stoßdämpfern versehen. Wie schwimmende Autoscooter. Auf der anderen Seite der Brücke treiben künstliche Inseln, sie locken Rotwangenschmuckschildkröten und Schwäne zum Verweilen an.

Und schon von der Brücke aus ergibt sich der schönste Blick auf den Mediapark: Die Gebäude, die sich wie die Zacken eines Sterns von der Mitte wegbewegen nach dem großen Vorbild der Piazza del Campo in Siena, dem toskanischen Touristenliebling. Das Multiplexkino Cinedom ist zum Beispiel da, die Redaktionen der Radiosender Eins Live und Radio Köln, der begehbare Brunnen, die Restaurants Kandinsky und Hans im Glück und natürlich das Wahrzeichen des Parks: der 148 Meter hohe Kölnturm mit den Fenstern, die so gestaltet sind, dass ständig Wolken darauf zu sehen sind und der Kölner Dom. Ungefähr 5 000 Menschen arbeiten heute hier in 250 Unternehmen, etwa 4,5 Millionen Besucher kämen jährlich, heißt es beim Betreiber.

Wer keine Lust hat auf den Trubel, spaziert hinter die Gebäude zum August-Sander-Park. Die Grünanlage ist benannt nach dem Fotografen August Sander (1864–1964), der als einer der wichtigsten des 20. Jahrhunderts gilt. Sitzbänke und Steinquader laden im Nordosten des Parks zum Verweilen ein, Grünflächen zum Picknicken. Der Lärm der Züge der angrenzenden Trasse ist durch Erdwälle gedämpft. Und Richtung Südwesten bietet ein Kinderspielplatz die vielleicht längste Rutsche der Stadt.

Von hinten draufgeschaut: So sieht der Mediapark aus, wenn man von der Insel im Teich aus blickt.

Das Agnesviertel

Was: Beliebtes Wohnviertel
Wo: Rings um die Agneskirche
Für wen: Stadtentdecker
Besonderes: Das Metropolis-Kino am Ebertplatz 19 ist eins der Kino-Dinos, die sich gehalten haben. Drei Säle, Café, Filme in Originalsprache und viele Kinderfilme.
Kosten: Keine
Anbindung: Mit den KVB-Linien 12, 15, 16, 18, 127, 140 oder 184 zum Ebertplatz

Namengebend für das Viertel: die Agneskirche

Es ist eins der beliebtesten Wohnviertel der Stadt: das Agnesviertel rings um die namengebende Kirche auf dem Neusser Platz. Sie ist im neugotischen Stil errichtet und das zweitgrößte Gotteshaus in Köln – gleich nach dem Dom. Schon deshalb ist sie einen Besuch wert. Vor allem aber, weil ihr eine herrlich romantische Geschichte innewohnt: Peter Joseph Roeckerath, seines Zeichens Bauunternehmer und Politiker, soll sie aus Liebe zu seiner verstorbenen Frau Agnes gestiftet haben. Von 1896 an entstand die dreischiffige Hallenkirche nach den Plänen des Baumeisters Carl Rüdell. Und sie wurde der Heiligen Agnes von Rom gewidmet – in Gedenken an Roeckeraths verstorbene Liebe.

Auf dem Neusser Platz davor trifft sich an lauen Abenden so manch Verliebter, aber auch sonst viele aus dem Veedel, holt sich einen Snack oder ein Getränk im Kiosk „Pico Coffee – Sandwiches &

Crépes" (von manchen liebevoll „Pico Island" genannt wegen der Insellage zwischen den umliegenden Straßen). Und dann wird sich ausgetauscht: Zum Beispiel über den jüngsten Bummel entlang der hübschen Stadthäuser an der Blumenthaler Straße, über die Hülchrather Straße, in der einst Heinrich Böll lebte oder über die Gentrifizierung im einstigen Arbeiterviertel.

Veedelstreff: Pico Island, eine kölsche Azoreninsel sozusagen

Vielleicht gibt's auch Tipps über die leckeren Blini aus dem nahen Café Elefant, die besonders buttrigen Croissants aus dem Café Epi oder über die selbst gebackenen Kuchen im Café Dein & Mein. Oder Erlebnisse werden ausgetauscht über den jüngsten Besuch in der Alten Feuerwache, diesem Industriedenkmal, das ein höchst lebendiges Kulturzentrum und Treff für alle geworden ist.

DER BUMMEL

Mit Maler Oliver Jordan durchs Belgische Viertel

Was der Maler Oliver Jordan am Belgischen Viertel schätzt? Diesem Veedel, das gespickt ist mit Boutiquen, Galerien, Goldschmieden und dem Brüsseler Platz, der sich in den Schönwetter-Monaten zum Szenetreff mausert? In dem es angeblich Kölns erste Sushi-Bar gibt (der Fisch-Hof an der Brüsseler Straße), in dem Sternekoch Nelson Müller das Noa preist und Reggae-Star Patrice das Bali am Brüsseler Platz?

Für Oliver Jordan ist es vor allem eins, das er am Belgischen Viertel schätzt: Für ihn steckt Musik zwischen Maastrichter und Lütticher, Antwerpener und Brabanter Straße. Das wird gleich klar beim ersten Stopp, den er sich ausgesucht hat, um seine liebsten Pausenorte zu zeigen: Es ist der Plattenladen Nunk Music an der Antwerpener Straße 18.

„Hallo, Oliver, wie geht's?", grüßt Inhaber Uwe Schmandin, grauer Wuschelschopf, Jeans, Sweatshirt. Sie tauschen sich aus, verlieren sich rasch in Spezialthemen wie John Martyn, John Coltrane oder den 13th Floor Elevators. „Der hat echt Ahnung von Musik", meint Schmandin anerkennend. Sein Plattenladen ist ein Ort zum Zeit verlieren. „Manchmal sage ich meiner Frau, ich bin mal für eine halbe Stunde zum Uwe", erzählt Oliver Jordan und lacht, „dann weiß sie, dass es ein paar Stunden dauern kann."

Das kann auch passieren, wenn der Künstler das Hifi-Studio von Bernd Müller besucht an der Lütticher Straße 15. Auf dem Weg dorthin schwärmt er von den hübschen Gründerzeit-Häusern, dem vielen Grün am Straßenrand. Und er kommt ins Grübeln über das Thema Zeit: „Ich finde es schade, dass sich nur noch wenige Menschen die Zeit für ein Päuschen nehmen. Für mich ist ein kleiner Verzäll ein Stück Lebensqualität", betont er. „Wenn ich mit den Marktbeschickern oder mit den Inhabern in ihren Geschäften ein bisschen schwätze, was kostet mich das? Durch ein Schwätzchen lege ich doch selbst bewusst eine Pause ein. Und die macht für mich den Einkauf liebens- und auch lebenswerter."

Wie er das meint, veranschaulicht er mit Bernd Müller: In dessen Hifi-Studio verlieren die beiden sich rasch in der Musikwelt, diesmal geht's um Lou Reed, Leadbelly, Brian Eno. Enos „Thinking Music,

DER MENSCH

Oliver Jordan (Jahrgang 1958) ist aufgewachsen in Essen und studierte an der Kunstakademie in Düsseldorf von 1980 bis 1985, unter anderem bei Joseph Beuys. Der Überzeugungskölner gilt als herausragender Porträtist und hat der Ölmalerei neue Impulse zugeführt. Seine Werke befinden sich in zahlreichen privaten und öffentlichen Sammlungen, etwa der des Essener Folkwang Museums, der Stadt Köln und auch der Staatskanzlei in Düsseldorf. Mit Ehefrau Helena lebt Oliver Jordan an der Ehrenstraße und in der Bretagne.

Part IV" läuft über die Lautsprecher, ruhiger Elektro. Beim Fachsimpeln sitzen sie im Hörzimmer, an dessen Wänden eine ganze Reihe Jordan-Gemälde hängen: Die Dämmerung auf Terschelling zum Beispiel, ein Porträt von John Coltrane, dazu Joseph Beuys, Jimmy Hendrix, John Lennon. Offensichtlich schätzen da zwei die Kunst des jeweils anderen.

Um eine ganz andere Kunst dreht es sich im letzten Pausenort, den sich Oliver Jordan ausgesucht hat: den Weinbau. Der Maler betritt den Wein.Punkt, den Weinhandel von Ronni Hoffmann und Carsten Horstmann an der Antwerpener Straße 9–11. Ronni Hoffmann und Oliver Jordan haben sich, na klar, durch die Musik kennengelernt. Vor ungefähr 30 Jahren, schätzen sie. Es ging um Karneval: Ronni Hoffmann engagiert sich bei den Ahl Säu, einer alternativen Karnevalsgemeinschaft und irgendwann lud er Oliver Jordan ein, mitzufeiern. Hoffmann sorgt traditionell für die Party-Musik, Oliver Jordan berät ihn hin und wieder bei der Musikauswahl.

Zwei, die gern miteinander über Musik fachsimpeln: Maler Oliver Jordan (rechts) besucht Uwe Schmandin in dessen Plattenladen Nunk Music.

Das Belgische Viertel

DER ORT

Was: Szene-Viertel

Wo: Rings um den Brüsseler Platz

Für wen: Gern-Ausgeher, Boutiquen-Shopper, Neue-Speisen-Ausprobierer, Café-Liebhaber, Inhabergeführte-Geschäfte-Fans

Besonderes: Die Kirche Sankt Michael am Brüsseler Platz ist in den Sommermonaten abends häufig geöffnet, ein schöner Ort, um zur Ruhe zu kommen. Und ein besonderer Ort, wenn es heißt: „Art&Amen". Das ist eine Veranstaltung, die Kultur und Kirche zusammenbringen soll. Die Termine finden unregelmäßig statt. Mehr dazu auf: **facebook.com/pg/artundamen.**

Kosten: Erstmal keine

Anbindung: Mit den KVB-Linien 1, 7, 12, 15, 136 oder 146 zum Rudolfplatz

Zwei, die gern über Wein fachsimpeln: Oliver Jordan spricht mit Ronni Hoffmann (links) im Wein.Punkt.

Und dann genießt der Maler mit seiner Ehefrau Helena auch mal gern einen Wein. „Ronni hat uns viele neue Weine vorgestellt, das war eine Bereicherung", sagt Oliver Jordan. Das allerdings weniger in der Weinhandlung als vielmehr im Restaurant „Sorgenfrei" nebenan. Das betreibt Ronni Hoffmanns Frau Isabel Wilden, die Küche ist regional gehoben, das monatliche Drei- oder Viergangmenü gibt's ab 42 Euro – mit passendem Wein dazu. Das Küchenteam verkostet zunächst die Weine, dann erstellt es ein passendes Menü. Über das es sich trefflich erzählen lässt, wenngleich Oliver Jordan mit Ronni Hoffmann mindestens ebenso gern über die Musik spricht. Denn, und das ist einfach so: Für den Maler steckt ganz viel Musik im Belgischen Viertel.

„Wie schnell kann alles vorbei sein?“

INTERVIEW

Kabarettistin Barbara Ruscher im Gespräch

Es ist ein Spätsommermorgen, 10 Uhr. Barbara Ruscher betritt das Café Miss Päpki am Brüsseler Platz 18. Sie schaut sich um, mustert die Porzellan-Tassen in der Auslage, das Weingummi in den Bonbonnieren, die blank polierte Espressomaschine, dann kommt sie strahlend zum Ecktisch herüber. Die zweifache Mutter und Bronze-Preisträgerin der Kabarett-Bundesliga will über Pausen in der Kunst sprechen.

Wie machen wir das denn jetzt?
Was meinen Sie?

Wie führen wir unser Gespräch über die Pausen in der Kunst? Starten wir mit einer Pause? Wäre das schon Kunst?
Wenn Sie möchten, können wir die Pause gern in Szene setzen, klar. (Barbara Ruscher setzt sich auf die Bank am Fenster, klopft die Kissen fluffig, nimmt die Frühstückskarte aus laminierter Tortenspitze in die Hand, überfliegt das Angebot – und schweigt).

Wie lange machen wir das denn jetzt?
(Die Kabarettistin bestellt sich einen Cappuccino, liest den Aufdruck auf der Tasse: Der Kaffee stammt von einer Rösterei aus Ehrenfeld. Barbara Ruscher rührt durch den Milchschaum – und schweigt.)

Oh, Frau Ruscher, langsam wird's unangenehm. Können wir jetzt bitte reden?
Klar! (Sie lacht.)

Wie gehen Sie an Pausen ran? Woher wissen Sie, wie lang die sein müssen?
Das ist alles eine Frage des Timings. Manchmal ist es besser, direkt durchzusprechen, also den Gag zu überspielen und erst innezuhalten, sobald die Leute lachen. Dann wieder ist es sinnvoller, den

DER MENSCH

Barbara Ruscher (Jahrgang 1969) stammt aus Rheinbach im Rhein-Sieg-Kreis und lebt mit ihren beiden Kindern in Sülz. Sie hat Musik und Deutsch auf Lehramt studiert, spielt Klavier, Alt-Saxofon und singt. 2001 ist sie mit ihrem ersten Solo-Programm aufgetreten, seither gewann sie zahlreiche Preise, darunter als einzige Frau Bronze in der Kabarett-Bundesliga. 2013 erschien ihr erster Roman „Fuck the Möhrchen – ein Baby packt aus". Seit 2016 moderiert Barbara Ruscher die NDR-Satire „Extra 3 spezial: der reale Irrsinn XXL", im HR 1 ist ihre Radiokolumne „Ruscher hat Vorfahrt" zu hören. Programm und mehr unter barbara-ruscher.de.

Zuschauern Raum zu geben, um eine Pointe zu verstehen, sie sacken zu lassen, wie man so schön sagt. Denn sie hören mein Programm in der Regel ja zum ersten Mal.

Gibt's 'ne Faustregel?
Nein, da hilft nur ausprobieren. Es gibt ja die Kollegen wie Mario Barth zum Beispiel, die praktisch ohne Pause reden: Verstehste, weißte, kennste? So in der Art. Davon mag man halten, was man will, das Publikum liebt Mario Barth dafür. Ich arbeite anders, ich spiele auf der Bühne mit Pausen. Schon weil ich gerne Pointen setze, die um die Ecke gedacht sind. Danach braucht es eine Denkpause, damit das Publikum den Witz sacken lassen kann. Wenn ich also ein neues Programm schreibe, überlege ich, wo eine Pause sinnvoll wäre.

Und das klappt immer?
Nö. Aber dafür gibt's die Vorpremiere. Manchmal hast du einen Riesengag, setzt eine Pause dahinter – und es passiert nichts. Also weg mit der Pause. Dann hast du einen Satz, der dir gar nicht so wichtig vorkommt, aber das Publikum wirft sich weg vor Lachen; also setzt du eine Pause. Übrigens auch, um den Moment selbst auszukosten: Solch spontane Lacher sind für mich ein Moment der innerlichen Freude, das bringt mir unheimlich viel Energie. Na ja, und so lernst du mit der Zeit, das Timing zu lesen. Das Publikum sagt dir, wo's lang geht.

Und wenn Sie dann nach der Vorpremiere das komplette Programm umwerfen müssen?
Davor bewahrt mich noch ein Trick: Über die Jahre habe ich festgestellt, dass die erste Nummer nach der Pause immer am besten ankommt. Egal wo.

Warum?
Keine Ahnung. Ich weiß nur, dass die Leute nach einer Stunde unruhig werden, die einen müssen aufs Klo, die anderen wollen einfach

Miss Päpki

DER ORT

Was: Café

Wo: Brüsseler Platz 18

Für wen: Alle, die ein Herz fürs liebevolle Detail haben. Die Stühle, Tische und Bänke zum Beispiel, die alle auf dem Flohmarkt gefunden und von der Mutter der Inhaberin Claudia Papke wieder hergerichtet worden sind, das Blümchenporzellan mit Goldrand, überhaupt der mädchenhafte Chic.

Besonderes: Von einem eigenen Café hatte Claudia Papke lange geträumt. Da sie aber eben keine Träumerin ist, hat sie zunächst Anglistik studiert, sich zur Fachwirtin fürs Gastgewerbe ausbilden lassen und erst dann am 6. August 2011 Miss Päpki eröffnet, ihr Traumcafé, benannt nach ihrem Spitznamen. Weitere Infos auf: **miss-päpki.de**.

Kosten: Der Espresso kostet 1,90 Euro, ein Stück Brownie-Cheesecake 3,30 Euro, das Frühstück mit Brotkorb und Käseauswahl (angerichtet auf der Etagère) 9,50 Euro.

Anbindung: Mit den KVB-Linien 1, 7, 12, 15, 136 oder 146 zum Rudolfplatz

Mit viel Liebe fürs Detail: Kaffee- und Teekannen, Kaffeemühlen, mit Porzellan verzierte Spiegel schmücken das Café Miss Päpki.

mal frische Luft schnappen oder eine rauchen, manche wollen bloß weg von den unbequemen Stühlen oder sich mit den Freunden übers Programm austauschen. Auf alle Fälle passiert in der Zeit etwas mit ihnen. Wenn sie zurückkehren zur zweiten Hälfte, sind sie gelöster. Ich bin mir sicher, das liegt auch daran, dass manchen während der ersten Hälfte noch die Arbeit durch den Kopf spukt, dass sie erstmal Stress ablassen müssen. Und das Publikum untereinander muss sich erstmal finden, denn Kabarett ist auf jeden Fall Kommunikation; auch wenn ich die meiste Zeit rede (lacht).

Was heißt denn finden? Die Leute sitzen doch beisammen im Saal.
Schon, aber wie in jeder Gruppe gibt einer den Ton an. Es gibt zum Beispiel immer einen im Publikum mit einem besonders lauten Lachen: Wenn der lacht, lachen die anderen mit. Das muss sich in der ersten Hälfte finden. Und wenn das Publikum dann nach der Pause zurückkehrt, läuft die Gruppendynamik und die Leute sind generell entspannter. Darum ist die erste Nummer in der zweiten Hälfte immer die beste. Was für mich bedeutet: Ich setze nie die stärkste Nummer dahin, das wäre verschenkt, auch eine schwache Nummer kommt zu Beginn der zweiten Hälfte an. Also teste ich an der Stelle gerne etwas Neues, denn wenn das da nicht zündet, ist es wirklich schlecht.

Und bevor die Kabarettistin selbst zurückkehrt zur zweiten Hälfte, was macht sie davor in der Pause?
Die geht auch aufs Klo (Barbara Ruscher lacht und nippt am Cappuccino). Ich atme einfach ein wenig durch, setze mich mal hin, schaue mir die Texte der zweiten Hälfte an. Ich tausche mich auch gerne mit jemandem aus, der das Publikum vor Ort kennt: mit einem Techniker oder dem Veranstalter. Mir ist es wichtig nachzuhören, wie mein Programm ankommt und wie es sonst läuft in dem Theater.

Wollten Sie jemals eine Pause vom Kabarett haben?
Nein, ich kann das mittlerweile ganz gut einordnen. Wohl aber habe ich mich selbst durch den plötzlichen Tod meines Mannes im Jahre 2015 sehr verändert. Ich habe gelernt, mir Pausen einzugestehen, das Leben zu genießen. Ich habe gelernt, dass nicht immer alles perfekt sein muss. Ich nehme mir lieber Zeit für meine Kin-

Einzigartig: Café-Besitzerin Claudia Papke sucht mit ihrer Mutter die Möbel auf dem Trödel und restauriert sie selbst.

der, als unbedingt mein nächstes Buch pünktlich abzugeben. Wie schnell kann alles vorbei sein? Ich will nicht mehr durch mein Leben hetzen, damit es mir irgendwann einmal gut geht. Jetzt. Heute. Das zählt. Ich mache meinen Job, ich mache aber auch mal Pause. Ich finde es schwierig, dass wir in dieser Leistungsgesellschaft leben, in der du nur cool bist, wenn du möglichst wenig schläfst, um viel zu erreichen. Warum ist man nur cool mit fünf Stunden Schlaf? Warum ist nicht derjenige viel cooler, der sich die Zeit nimmt für neun Stunden Schlaf? Alle fühlen sich dauernd gestresst; warum? Dafür ist das Leben viel zu kostbar.

Sie plädieren also für mehr Pausen?
Unbedingt! Die sind lebenswichtig.

Barbara Ruschers Top 5 der Kunstpausen

1 Hagen Rether (*1969)
„Der Kollege Hagen Rether hat Ruhe beim Sprechen, bringt philosophische Gedanken mit tollen Wendungen auf die Bühne. Außergewöhnlich."

2 John Cage: 4'33" (1952)
„In ‚4'33"' spielt John Cage drei Sätze und du hörst keinen Ton dabei. Dafür wird dir klar: Stille gibt's nicht. Du hörst dein Herz, den Atem. Sehr cool."

3 Michael Ende: Momo (1973)
„Welches Buch oder Theaterstück könnte aktueller sein? Momo klauen die grauen Herren Zeit. Für mich sind die Social Media die grauen Herren unserer Zeit."

4 Marlen Haushofer: Die Wand (1963)
„Der Roman ‚Die Wand' ist für mich ein Sinnbild der Pause vom Alltag. Für die namenlose Ich-Erzählerin ändert sich von heute auf morgen alles. Und dann?"

5 Barbara Ruscher: Ekstase ist nur eine Phase (2015; „Jetzt lob' ich mich selbst!")
„In dem Programm setze ich meine Lieblingspause. Mein Freund nennt mich: ‚Küken.' Ich: ‚Selber Küken.' Zum Publikum: ‚Sie wissen, was in Deutschland mit männlichen Küken passiert?' Pause."

Auf drei: In die Kissen, entspannen, los!

BELGIQUE

NEUSTADT-SÜD

Ein Impulsgeber für die Stadt

Das Studentenviertel, die Volksbühne am Rudolfplatz (Millowitsch!), das Theater im Bauturm, die Synagoge, das Museum für Ostasiatische Kunst – die südliche Neustadt ist vielleicht einer der größten Impulsgeber Kölns.

Wen wundert's, dass hier die Bevölkerungsdichte höher ist als überall sonst? Mit Kwartier Latäng und Südstadt zählen zwei der beliebtesten Wohnquartiere zur südlichen Neustadt, die von 1881 an im Zuge der vierten Stadterweiterung Kölns entstanden ist. Samt Grünflächen, darunter der Römer- und der Friedenspark.

Darin soll Heinrich Böll schon gespielt haben, der Nobelpreisträger gilt als einer der bedeutendsten deutschen Schriftsteller der Nachkriegszeit. Geboren wurde er an der Teutoburger Straße nahe dem Friedenspark. Als er sechs Jahre alt war, führte die Inflation von 1923 zum Bankrott des väterlichen Geschäfts, „so dass die Familie ihre Wohnung verlassen musste, um mit Handkarren, beladen mit dem restlichen Hab und Gut, in ein ärmliches Quartier umzuziehen. Böll hat diese Vertreibung aus seinem Kindheitsparadies als Abenteuer und als familiäres Unglück erlebt", hat Dieter Wellershoff im Jahre 2010 im Kölner Stadt-Anzeiger geschrieben, er war der letzte Lektor Bölls gewesen.

TIPP 1

Sport im Grüngürtel

Was: Sport im Freien
Wo: Innerer Grüngürtel, ungefähr in Höhe der Ludolf-Camphausen-Straße
Für wen: Freiluftsportler
Besonderes: Sportspiele und Spaß für alle
Kosten: Keine
Anbindung: Mit den KVB-Linien 3, 4 oder 5 zum Hans-Böckler-Platz / Bahnhof West oder mit den Linien 1, 7 oder 142 zur Universitätsstraße

Freiluftfit: Eine Sportlerin trainiert im Open-Air-Sportstudio im Grüngürtel.

Los Angeles? Ist vielleicht gar nicht so weit weg, wie viele denken. Jedenfalls Venice Beach nicht, der Sportlerstrand im Westen der US-amerikanischen Millionenmetropole. Denn auch in Köln gibt's Freiluft-Sport. Zwar nicht am Strand, dafür aber im Inneren Grüngürtel. Wunderschön als Riesenpark angelegt, ungefähr auf der Höhe zwischen Aachener und Subbelrather Straße.

Radfahrer, Jogger, Spaziergänger tummeln sich da. Kinderspielplätze sind angelegt für Mädchen und Jungen verschiedenen Alters. Mit Klettergerüsten aus Holz, die zum Kräfte austesten, Mut erproben, Spaß haben einladen. Da ist aber auch ein Open-Air-Tennisplatz, ein Basketball-Court mit vier Körben und einige Slacklining-Anlagen. Der Sport ist seit ungefähr 2010 Trend in Köln. Und die Stadt hat seither einige Anlagen errichtet, die dem Schutz der Bäume dienen. An Bäumen befestigen die Slackliner nämlich meist ihre Balancier-Seile. Betreten sie aber das Kunststoff-Band, wirken bis zu zwölf Kilonewton Druck auf den Baum, das hält der auf die Dauer nicht aus (zum Vergleich: laut Wikipedia beißt ein Alligator mit etwa neun Kilonewton zu). Darum die künstlichen Stämme: Der Slackliner kann seinen Sport draußen ausüben, die Bäume ungestört weiter wachsen.

Und dann ist da der Fitness-Parcours für alle Sportbegeisterten ab 14 Jahren. Das hat nichts mehr mit einem herkömmlichen Trimm-Pfad zu tun, sondern sieht einem Freiluft-Fitness-Studio wesentlich ähnlicher. Für Junge, Alte und Junggebliebene. Venice Beach in Köln eben.

TIPP 2

Kwartier Latäng

Was: Studentenviertel

Wo: Es gibt keine klare Veedelsgrenze, meist wird das Kwartier Latäng aber beschrieben als der Bereich zwischen Kyffhäuser Straße, Zülpicher Wall, Lindenstraße und Hohenstaufenring.

Für wen: Junge und Junggebliebene

Besonderes: Ein Studentenviertel ist nicht unbedingt der Ort, an dem man es vermutet, aber das Kwartier Latäng wartet tatsächlich mit einem Sternerestaurant auf: dem La Société an der Kyffhäuser Straße 53. Mehr dazu unter: **restaurant-lasociete.de.**

Kosten: Von nichts bis sehr viel, das hängt von der Tages- und Abendgestaltung ab.

Anbindung: Mit den KVB-Linien 9, 12 oder 15 zum Zülpicher Platz

Kultkneipe: Der Stiefel ist eine beliebte Anlaufstelle.

Das Kwartier Latäng, na klar, wirft sofort eine Frage auf: Was hat es mit dem Namen auf sich? Die Antwort ist typisch kölsch: Das Studentenviertel sollte einen Namen tragen, der die erwünschte, erhoffte, erfühlte und doch selten erreichte Weltläufigkeit der Stadt darstellte. Kwartier Latäng, das klang nach Paris, nach Sorbonne, nach Quartier Latin, dem lateinischen Viertel der französischen Hauptstadt, dem Pariser Studentenviertel. Nur eben auf Kölsch. Ein bisschen Paris an der Zülpicher Straße: Et voilà! – oder doch besser: tätäh?

Jedenfalls ist das Kwartier einen Besuch wert. Es bietet viele Pausenmöglichkeiten für die unterschiedlichsten Geschmäcker. Da sind die vielen Bars und Szenekneipen, die Clubs und Diskotheken, die Dönerbuden und Falafelläden. Und da ist die Herz-Jesu-Kirche, das katholische Gotteshaus am Zülpicher Platz. Friedrich von Schmidt hatte sich die Pläne für die Kirche ausgedacht, ein baden-württembergischer Architekt, ein Verfechter des neugotischen Stils und ein fleißiger Kirchenbauer. Die Schlosskirche von Schloss Wernigerode am Harz gehört etwa zu seinen Bauten. Im Kwartier Latäng jedoch erlebte er nicht einmal die Grundsteinlegung seiner Herz-Jesu-Kirche, dafür war er zu früh verstorben: Von Schmidts Sohn Heinrich beaufsichtigte den Bau stattdessen von 1893 bis 1895.

So still wie in der Kirche ist es sonst eher nirgends im Veedel. Da sind die Schnitzel bei Oma Kleinmann, die als legendär gelten, da ist die Anlage von City-Bowling an der Moselstraße, klein aber fein, es gibt nur vier Bahnen. Das Theater in der Filmdose lockt mit einem Ensemble, das laut Eigenwerbung „sturmerprobt und sektsicher" sei. Wer Live-Konzerte mag, besucht das MTC oder das Blue Shell. Und wem der Sinn eher nach Arthaus-Kino steht, der pausiert im Off Broadway – inklusive Kraulen der ansässigen Kinokatze.

Das Eierplätzchen

Was: Inoffizieller Platz
Wo: An der Mündung von Mainzer, Teutoburger, Eburonen-, Titus- und Trajanstraße
Für wen: Bummler und Verweiler
Besonderes: Dieser Platz hat sogar eine eigene Facebook-Seite: „Eierplätzchen".
Kosten: Keine
Anbindung: Mit den KVB-Linien 15, 16, 17, 106, 132, 133 oder 142 zum Chlodwigplatz oder mit den Linien 15, 16, 133 oder 142 zum Ubierring

Im Halven Hahn steckt kein Hähnchen, im Kölschen Kaviar kein Kaviar und das Eierplätzchen ist weder ein Keks noch ein offizieller Platz. Die Stadt Köln hat den öffentlichen Raum an der Mündung von Mainzer, Teutoburger, Eburonen-, Titus- und Trajanstraße nie als Platz betitelt – anders als die Anwohner, bei denen sich angesichts der ovalen Form der Fläche schnell ein Name etabliert hatte. Vielleicht ist der Platz, der keiner ist, ja gerade wegen seines besonderen Status so beliebt bei den Südstädtern.

Kubanisches Lebensgefühl: Die Eierplätzchenband um Betsy de Torres spielt auf dem Platz, nach dem sie benannt ist.

Da ist zum Beispiel die Reportage „Die Fünf vom Eierplätzchen", in der Journalist Jörg-Christian Schillmöller im Online-Magazin *meine suedstadt.de* die fünf Jahreszeiten am Eierplätzchen beschreibt: Den Frühling, wenn die grünen Halsbandsittiche ihre ersten Loopings über den Platz drehen, den Sommer mit Fußball- und Frisbee-Partien, den Herbst, in dem das Laub von den zwölf Linden fällt, den Winter mit dem Quartiersweihnachtsbaum und den Karneval mit der ausgelassenen Stimmung zur fünften Jahreszeit.

Und dann ist da die Eierplätzchenband: Die Gruppe, die sich im Jahre 1994 um die inzwischen verstorbene Sängerin Maria Motjer gebildet hat, die kubanische Rhythmen aus der Heimat ihres Großvaters mitbrachte. Die heutige Sängerin Betsy de Torres führt das fort: „Meine Mutter hat mir die Songs vorgesungen, als ich noch klein war", erzählt Betsy. Bis heute tritt die Band auf dem Platz auf und bringt die Anwohner zum Tanzen. „Manchmal", fährt Betsy fort, „hatten wir sogar am Rande eines Konzerts einen Heiratsantrag." Es steckt eben viel Liebe in diesem inoffiziellen Platz mit kölschem Hätz.

TIPP 4

Café Zikade

Was: Bistro

Wo: Kurfürstenstraße 2a

Für wen: Liebhaber frischer Salate und Säfte, der mediterranen und internationalen Küche

Besonderes: Um es mit den Worten des Chefs Olivier Bartmann zu sagen: „Bei uns ist wirklich alles selbst gemacht. Jede Möhre ist selbst geschält, bei uns ist nichts Convenience, das kostet Zeit, aber das schmeckt man."

Kosten: Je nach Appetit

Anbindung: Mit den KVB-Linien 15, 16, 17, 106, 132, 133 oder 142 zum Chlodwigplatz

Guten Appetit: Olivier Bartmann serviert den Zikade-Teller.

So weit vorne im Zeitgeist wie an der Kurfürstenstraße 2a ist Köln sicher selten. Vegetarische und vegane Speisen? Smoothies? Produkte vom regionalen Zulieferer? Gibt's hier schon seit 1980. Doch, doch, die Französin Dominique hat im Café Zikade Jahrzehnte vor der Konkurrenz serviert, was inzwischen der Trend ist, den nicht einmal mehr Fastfood-Riesen ignorieren können. Bloß kommen die Speisen im Café Zikade so daher, wie das Bistro mit dem eigenwilligen Namen selbst auch wirkt: geradeheraus, ohne Chichi.

Die Speisekarte ist klein, aber besonders, schon weil sie täglich (!) wechselt. Neben Frühstücksvarianten und hausgemachten Kuchen gehört zu den Speiseklassikern zum Beispiel der „Zikade-Teller" mit dreierlei Salaten und einer Getreide-Frikadelle (oder dem veganen Reis-Gemüse-Plätzchen) für 7,50 Euro. Die Quiche mit zweierlei Salaten kostet 7,90 Euro. Alle Säfte werden im 0,2-Liter-Glas für 3,– Euro serviert. Auch der Geheimtipp „Highspeed": Dahinter verbirgt sich Orangensaft jeweils gemixt mit verschiedenen Früchten der Saison.

Seit 2015 betreibt der Diplom-Betriebswirt Olivier Bartmann, der unter anderem in Südfrankreich Koch-Erfahrung gesammelt hat, das Bistro. Wie die Zikade zu ihrem Namen kam? Olli, wie ihn die meisten nennen, lächelt. „Das ist eine hübsche Geschichte", beginnt er. Dominique, die Gründerin des Bistros, soll sich gewünscht haben, die Gäste mögen über ihre Speisen herfallen, wie es Zikaden mit Gräsern oder Kräutern halten: Sie sollten alles kahl futtern.

Was zu klappen scheint: An einem Sommernachmittag ist das Bistro drinnen wie draußen gut besetzt. Studenten und auch ältere Paare aus dem Viertel sitzen da genauso wie eine Frauengruppe mit Säuglingen auf dem Arm. Die Mütter haben es sich im Außenbereich gemütlich gemacht, sie sitzen am Ahorn, dessen Baumscheibenbeet Olivier Bartmann mit seinem Team (und seinem Vater) pflegt. Fleißige Lieschen blühen da ebenso wie Fuchsien, Rosen oder Oleander. „Mein Traum", sagt Olivier Bartmann, „ist, dass eines Tages das ganze Viertel blüht." Was wieder sehr weit vorn im Zeitgeist klingt.

TIPP 5

Der Rathenauplatz

Was: 27 700 Quadratmeter große Grünfläche

Wo: Rathenauplatz

Für wen: Anwohner und Stadtentdecker

Besonderes: Die Bürgergemeinschaft Rathenauplatz e.V. organisiert in unregelmäßigen Abständen Lesungen und Jazz-Konzerte auf dem Platz. Mehr dazu auf rathenauplatz.de.

Kosten: Keine

Anbindung: Mit den KVB-Linien 9, 12 oder 15 zur Zülpicher Straße, mit der Linie 9 nach Dasselstraße/Bahnhof-Süd oder mit den Nahverkehrszügen der Deutschen Bahn zum Bahnhof Süd

Prägt das Bild des Rathenauplatzes: die Kölner Synagoge

Der Rathenauplatz ist der wahrscheinlich bestbewachte Platz der Kölner Innenstadt. Am nordöstlichen Rand grenzt die Grünfläche an die Roonstraße und an dieser liegt die gleichnamige Synagoge, das Herzstück der jüdischen Synagogengemeinde, ihr religiöses und kulturelles Zentrum. Und ein wirklich beeindruckender Bau: 1899 war die ursprüngliche Synagoge eröffnet worden, ein Haus im Stile der Neoromanik. Das niedergebrannt wurde, als marodierende Horden in der Reichspogromnacht am 9. November 1938 die Synagogen in Köln schändeten. Erst zwölf Jahre nach dem Ende des Zweiten Weltkriegs beauftragte die Gemeinde den Architekten Helmut Goldschmidt mit dem Wiederaufbau, Bundeskanzler Konrad Adenauer besuchte 1959 die Einweihung. Wer sich für die Synagoge und das jüdische Leben in Köln interessiert, kann bei der Gemeinde eine Besichtigung vereinbaren unter der Rufnummer

02 21/7 16 62-0. Polizeiwagen stehen beinahe immer zum Schutze der Synagoge am Rathenauplatz.

Um den Platz selbst kümmern sich vorwiegend die Anwohner. Die Mitglieder der Bürgergemeinschaft Rathenauplatz haben zum Beispiel im Jahre 2000 die Außengastronomie auf dem Platz übernommen, der Biergarten ist geöffnet von April bis September. Beliebt ist er zum Beispiel unter Fußballfans zum Freiluftgucken. Durch den Biergarten will der Verein Geld für soziale Projekte erwirtschaften. Dabei geht's insbesondere um die Kinder- und Jugendarbeit, aber auch um die Mieten im Viertel: Immer wieder setzt sich der Verein dafür ein, dass nicht alle Mietwohnungen in teure Eigentumswohnungen umgewandelt und dadurch die alteingesessenen Mieter rings um den Rathenauplatz verdrängt werden.

Sportlich aktiv in der Grünanlage sind schließlich die Pétanque Freunde Rathenauplatz: In ihrem Boulodrom lassen sie ihre Kugeln auf der Jagd nach dem Schweinchen klackern und tragen regelmäßig Turnierspiele aus, sogenannte Supermêlée. Die Rangliste stellen sie auf ihrer Homepage *pfr-koeln.de* ein.

Auch für Boule-Freunde: Der Rathenauplatz ist ein Nachbarschaftstreff.

TIPP 6

Das Museum für Ostasiatische Kunst

Was: Museum
Wo: Universitätsstraße 100
Für wen: Fans der asiatischen Kultur und Lebensart
Besonderes: Es gibt jede Menge Sonderführungen, zum Beispiel für Kinder oder Senioren. Zum Kursangebot gehört unter anderem das Thema chinesische Kalligrafie und auch die chinesische Teezeremonie. Alle Infos zu den Veranstaltungen unter **museum-fuer-ostasiatische-kunst.de/Programm**.
Kosten: Der Eintritt in die ständige Sammlung beträgt 3,50 Euro, Sonderschauen haben Sonderpreise. Am Kölntag, dem jeweils ersten Donnerstag im Monat, ist der Eintritt für alle Kölner in die ständige Sammlung frei – Personalausweis oder vergleichbare Papiere mitbringen!
Anbindung: Mit den KVB-Linien 1, 7 oder 142 zur Universitätsstraße

Hier weht ein Hauch von Fernost: ein herbstlich gefärbter Ahorn im Innengarten des Museums und eine Bronze von Leiko Ikemura

Einmal eine Auszeit in Asien verbringen, sich die Tempel, Klöster, Teeplantagen anschauen, die quirligen Städte, die so sehr andere Kultur. Das wäre schön? Aber der Flug ist zu weit? Und zu teuer? Wer jetzt dreimal „ja" gedacht hat, hat Glück, denn da hilft Köln weiter: Ein wenig das Fernweh nach Asien stillen, das schafft auch ein Besuch im Museum für Ostasiatische Kunst.

1913 ist es bereits eröffnet worden, damit war es das erste in Europa und bis heute ist es das einzige in Nordrhein-Westfalen. Es beruht auf einer Privatsammlung: Adolf und Frieda Fischer interessierten sich für Kunst aus China, Japan und Korea. Immer wieder bereisten sie die Länder, um neue Objekte anzukaufen. Meist starteten sie in Qingdao, das als Kolonie zum damaligen deutschen Reich gehörte und Flottenstützpunkt der preußischen Marine war. In ihren Tagebüchern beschreiben sie, wie sie mit dem Mauleselkarren unterwegs waren auf der Jagd nach neuen Kunstschätzen. Wie sie wochenlang durch den Monsunregen zogen, mit ihrer Karawane auch mal feindseligen Milizionären begegneten.

Von 1913 bis 1937 war das Museum an der Ecke von Adolf-Fischer-Straße und Gereonswall untergebracht, von 1914 an leitete Frieda Fischer das Haus, 1937 wurde sie von den Nationalsozialis-

Der Teich vorm Weiher: Mit der Terrasse grenzt das Museum für Ostasiatische Kunst an den Aachener Weiher.

Nachbarschaft: Direkt neben dem Museum für Ostasiatische Kunst bietet das Japanische Kulturinstitut Lesungen, Ausstellungen und Filmabende zur japanischen Kultur.

ten entlassen. Die Sammlung konnte sie größtenteils in Sicherheit bringen, einige Stücke gingen in den Kriegsjahren jedoch verloren. Erst 1977 erfolgte die Neueröffnung des Museums an seinem heutigen Platz am Aachener Weiher.

Und schon der Bau ist Kunst in sich: Der japanische Architekt und Le-Corbusier-Schüler Kunio Maekawa wollte mit den modernen Kuben an die japanische Architektur anknüpfen, sie in eine neue Formensprache übersetzen. Geeigneten Raum bieten für die Kalligraphien, Sakralbronzen, Keramiken und buddhistischen Holzskulpturen der ständigen Sammlung. Und auch für den Meditationsgarten, den der japanische Bildhauer Masayuki Nagare gestaltet hat.

Wer das alles auf sich wirken lassen und das Urlaubsgefühl weiter auskosten möchte, kann natürlich im Anschluss um den Aachener Weiher bummeln. Oder im Museumscafé einen Tee trinken und sich vorstellen, in Asien zu sein.

TIPP 7

Der Garten der Religionen

Was: Garten für alle

Wo: Stolzestraße 1a

Für wen: Für jeden, der montags bis freitags zwischen 8 und 18 Uhr schauen, staunen, die Oase genießen, denken möchte.

Besonderes: Das Café und Restaurant Refektorium. Es erinnert an das ehemalige Jesuiten-Kloster, das hier untergebracht war, bevor der katholische Verein In Via den Komplex übernahm. Wo heute das Refektorium Speisen anbietet, hatten auch die Mönche ihr Refektorium, ihren Speisesaal.

Kosten: Der Eintritt in den Garten der Religionen ist frei.

Anbindung: Mit den KVB-Linien 18 oder 142 zum Eifelwall

Gestresst? Im Garten der Religionen geht's unter anderem ums Thema „Gelassenheit".

Die Zeitumstellung? Haben sie im Garten der Religionen nie mitgemacht. Da steht die Sonnenuhr im Mittelpunkt der Anlage. Im Januar wirft sie andere Schatten als im Mai als im Oktober. Das lässt sich aber ausgleichen, solange der Mensch als Schattenwerfer richtig steht. Nur die Sommerzeit, die zeigt die Uhr nicht an. Die genaue Uhrzeit ist letztlich auch nicht so wichtig, im Garten der Religionen geht's darum, Zeit zu haben, und nicht darum, wie sie verrinnt.

Jesuiten hatten hier ein Kloster betrieben, es folgten aber keine jungen Patres nach. Im Jahre 1999 gaben die Mönche ihr Kloster darum auf, der katholische Verband In Via übernahm das Grundstück. Und für den ehemaligen Klostergarten überlegten sich die

Verantwortlichen etwas ganz Besonderes: Sie wollten etwas schaffen, das für alle Nachbarn offen stünde, das zum Dialog einladen würde, das aber auch mit dem Thema Religion zu tun hätte. Nicht nur mit der katholischen Religion, es sollte alle ansprechen, die im Viertel wohnten. Und so entstand der Garten der Religionen.

Wer die Stolzestraße betritt, ist sich sicher, das muss die falsche Adresse sein. Nur grau. Alles zubetoniert. Es ist aber trotzdem richtig. Einfach ein Stückchen weiter in Richtung Eisenbahntrasse gehen, dann befindet sich der Eingang zu In Via auf der rechten Seite, und wer durch die Hofeinfahrt tritt, atmet unwillkürlich auf: Da ist auf einmal Luft, Raum, Grün. Da ist der Garten. 1 750 Quadratmeter ist er groß, das ganze Jahr über blüht irgendwo etwas. Das lässt sich schon von der Terrasse des Cafés aus sehen, das direkt hinter dem Eingang liegt.

Es ist ein Garten, der einlädt zu denken. Da sind die fünf Bereiche, die jeweils einer der großen Weltreligionen gewidmet sind: Christentum, Judentum, Islam, Buddhismus, Hinduismus. Und jeder dieser Bereiche ist mit einem Findling versehen, auf den ein Wort eingraviert ist: Treue für das Judentum zum Beispiel, Vielfalt für den Hinduismus, Ehrfurcht für den Islam. Wenn Anne Plhak von In Via

Hier läuft nichts rund: Die Kugeln haben Ecken und Kanten, ein Sinnbild für den Lebensweg, der niemals nur geradeaus verläuft.

Besuchergruppen durch den Garten führt, laden die Wörter zu Diskussionen ein. „Nicht für jeden passen die Begriffe, dann sprechen wir darüber. Und das ist genau das, was wir uns erhofft haben, das ist interreligiöser Dialog." Den aber keiner führen muss, der den Garten besucht. Man darf auch einfach genießen. Man kann sich sogar verstecken: Hinter einer Hainbuchenhecke ist die stille Ecke. Da stehen zwei Bänke, die von draußen nicht zu sehen sind. Und von denen aus die Sonnenuhr nicht zu sehen ist. Die stille Ecke ist frei von Zeit, frei von allem. Ein perfekter Pausenort!

TIPP 8

Der Chlodwigplatz

Was: Platz mit Weinberg und Wochenmarkt
Wo: Chlodwigplatz
Für wen: Stadtmenschen
Besonderes: Der Markt hat donnerstags von 11 bis 18 Uhr geöffnet, damit ist der Chlodwigplatz der erste reguläre Wochenmarkt, der solch späte Öffnungszeiten anbietet.
Kosten: Gucken kostet nichts, sonst kommt's auf den Einkauf oder den Verzehr an.
Anbindung: Mit den KVB-Linien 15, 16, 17, 106, 132, 133 oder 142 zum Chlodwigplatz

Stammgäste: Die Möpse Else und Gretchen wachen vom Blumenstand Baum aus über den Wochenmarkt am Chlodwigplatz.

Die Stars vom Wochenmarkt auf dem Chlodwigplatz? Heißen Else, Gretchen, Marla und Kapitän. Mischling Marla will mit jedem Ball spielen, dafür schleppt sie hoffnungsvoll ihren angeknabberten Tennisball an. Die Möpse Else und Gretchen achten auf die

Das Tor ins Vringsveedel: Das Severinstor ist der Blickfang am Chlodwigplatz.

Kasse des Blumenstands mit dem wundervoll passenden Namen Baum. Und Rottweiler Kapitän passt auf alle auf. Er schaut auch geduldig zu, als Dirk Albert und Hunde-Herrchen Tobias Baum ein wenig mit Marla kicken.

Im Sommer 2017 hat der Markt eröffnet, zuvor hatte die Stadt den Chlodwigplatz für 1,7 Millionen Euro saniert. Die Rundbänke, die um die Bäume herum aufgestellt worden sind, laden zum Verweilen ein. Das Natursteinpflaster im Mittelteil des Platzes soll alle Blicke auf die Severinstorburg lenken. Vier der Stadttorburgen Kölns sind erhalten geblieben, diese hier stammt aus der ersten Hälfte des 13. Jahrhunderts. Sogar ein Trauzimmer ist eingerichtet.

Und der südwestliche Erdhügel vor der Severinstorburg verfügt nun auch über einen Weinberg. Stadtwinzer Thomas Eichert hat die 50 Reben im Frühjahr 2018 gesetzt. Bereits acht Jahre zuvor hatte er in den Bürgerhaushalt der Stadt die Idee eingebracht, städtische Gebäude mit Weinreben zu bepflanzen, der Rat beschloss, 50 000 Euro zu investieren. Urban Winemaking nennt sich der Trend, wie Thomas Eichert auf seiner Website beschreibt. Nun also auch am Chlodwigplatz.

An dem es auch ansonsten kulinarisch einiges zu entdecken gilt: Von gut-bürgerlich über türkische Spezialitäten bis zu koreanischer Küche, alles ist im Angebot. Und auch darauf haben Else, Gretchen, Marla und der Kapitän ihre Hundeaugen.

TIPP 9

Das Comedia Theater

Was: Freies Theater
Wo: Vondelstraße 4–8
Für wen: Kinder, Jugendliche, Erwachsene
Besonderes: Für Kinder und Jugendliche bietet das Comedia Theater Kurse, Spielclubs und Workshops an.
Kosten: Je nach Vorstellung im Theater oder nach Bestellung im Bistro
Anbindung: Mit den KVB-Linien 15, 16, 17, 106, 132, 133, 142 zum Chlodwigplatz oder mit den Linien 15 oder 16 zur Ulrepforte

Zur Erinnerung: Wo heute das Comedia Theater beheimatet ist, war früher die Feuerwache Nummer 4.

Da, wo heute die Bistro-Besucher sitzen, sind vor etwas über 100 Jahren noch die Pferde durchgelaufen. Denn da, wo heute die Gastronomie des Comedia Theaters untergebracht ist, war 1904 die Kölner Feuerwache IV eröffnet worden. Damals galt sie als eine der modernsten ihrer Art. Europaweit. Denn Wehrleute und Pferde rückten binnen nur 16 bis 20 Sekunden aus.

Feuerrot: Pressesprecherin Astrid Hage auf den farblich passenden Sitzen

Wie das funktionierte? Die speziell trainierten Pferde liefen aus dem Stallbereich in die Wagenhalle. Währenddessen rutschten die Wehrleute über zwei Messingstangen aus ihren Aufenthaltsräumen im ersten Stock in die Halle hinunter. Mit nur einem Griff hatten sie die Pferde eingeschirrt und los ging's, um die Stadt zu retten. Die Feuerwehrstangen und die früheren Tore, aus denen die Feuerwehrkutschen und später die Fahrzeuge ausrückten, sind noch zu sehen. An den Stangen sind Lichter befestigt, aus den Toren sind Fenster und Türen geworden, aus den einstigen Stallungen ein Innenhof mit Raum zur Außenbewirtung.

Alt und neu ergänzen sich im Gebäude, das hat sich der Kölner Architekt Bernd Oxen fein ausgedacht. Und das greift auch die Farbgebung der einstigen Feuerwache auf, die seit 2009 das Zuhause des Comedia Theaters ist: Die Polster auf den Sitzen der Wagenhallen-Gastronomie sind weinrot, die Farbgebung im Foyer und im alten Steigerturm, in dem früher die Schläuche getrocknet wurden und in dem heute der Comedia-Schriftzug prangt, ist feuerrot, die Theatersäle sind aufgeteilt in den roten und den grünen Saal.

Das finden vor allem die Jungs cool, erzählt Pressesprecherin Astrid Hage. Das ist deshalb wichtig, weil im Comedia Theater zwar Stücke für Erwachsene und auch Kabarett fester Bestandteil des abendlichen Spielplans sind, der Fokus des Hauses liegt aber auf Kinder- und Jugendtheater. Zur Spielzeit 2020/21 soll die Comedia, die 1974 als Kindertheater „Ömmes und Oimel" in Würzburg gestartet war und seit 1977 in Köln zu Hause ist, ein Zentrum der Theaterkunst für junges Publikum werden. Das sei insbesondere in Bezug auf Jungen anspruchsvoll, weiß Hage. Mädchen interessierten sich eher fürs Theater, Jungen aber spätestens dann, wenn sie hören, dass sich das Theater in der Alten Feuerwache befindet. Oder wie Hage das lachend beschreibt: „So kriegen wir sie alle!"

Spontaner Auftrag des Regisseurs Manuel Moser an die Schauspielschüler (v. l. n. r.) Julia Trelle, René Bubentzer, Jonathan Platzen und Angelina Weizel: Spielt mal Pause!

Der Aachener Weiher mit dem Hiroshima-Nagasaki-Park

TIPP 10

Was: Park
Wo: Zwischen Aachener-, Universitäts- und Bachemer Straße sowie den Bahngleisen
Für wen: Jeden
Besonderes: Achtung, schwimmen ist im Aachener Weiher verboten. Das gilt für alle Parkweiher der Stadt.
Kosten: Keine
Anbindung: Mit den KVB-Linien 1, 7 oder 142 zur Universitätsstraße

Vermittelt Urlaubsgefühl: ein Bummel entlang des Ufers vom Aachener Weiher

Sonnen, grillen und chillen. Das ist der Dreikampf am Aachener Weiher, laut städtischem Grünflächenamt mit dem angrenzenden Hiroshima-Nagasaki-Park einem der beliebtesten Treffpunkte Kölns. Und zwar für alle Altersschichten: Jogger sind an diesem Samstagvormittag unterwegs, Rad- und Rollerfahrer ziehen ihre Runden, Eltern schieben Kinderwagen am vier Hektar großen Weiher vorbei oder zeigen ihren Kindern die Enten. Auf den Parkbänken lesen Frauen und Männer ihre Bücher und genießen die Sonne dabei. Auf den Treppenstufen zum Wasser hin versucht jemand den Kater des Vorabends zu vergessen, eine Gruppe Frauen, die offensichtlich einen Junggesellinnen-Abschied feiern will, zieht mit Windeln über den Strumpfhosen zum Biergarten hinüber.

Es ist ein Park, der anzieht. Wasser wirkt so auf Menschen. Auch wenn es am Aachener Weiher wirklich laut ist, das Plätschern der

Fontänen ist nicht immer zu hören, der Lärm ist einfach zu groß, den die vielen Autos auf der Aachener- und der Universitätsstraße verursachen. Das war Anfang der 1920er-Jahre sicher anders, als der Park unter Oberbürgermeister Konrad Adenauer angelegt wurde.

Ruhiger wird's im Hiroshima-Nagasaki-Park, dem südlichen Teil der Grünanlage. Seit 2004 heißt der frühere Aachener Berg so, der angelegt ist auf Schutt und Trümmern aus dem Zweiten Weltkrieg. Auf den Krieg bezieht sich auch der neue Name: Durch ihn wollten die Mitglieder des Friedensforums an die Atomabwürfe 1945 auf Hiroshima und Nagasaki erinnern. Heute spielen hier Kinder auf dem kleinen Spielplatz auf der Kuppe, probieren sich Studenten beim Slacklinen aus. Fünf Pfosten sind fest installiert, sie decken Distanzen zwischen 6,50 und 42,50 Metern ab. Und viele Parkbesucher breiten auf den Wiesen ganz einfach ihre Decken aus, stellen Grills auf, machen sich bereit für den Dreikampf vom Aachener Weiher: sonnen, grillen und chillen.

Beliebter Treffpunkt: die Wiesen rings um den Aachener Weiher und auf den Hängen des Hiroshima-Nagasaki-Parks

DER BUMMEL

Mit Orangerie-Theaterleiter Marko Berger durch den Volksgarten

Es hat etwas von Alice im Wunderland: Plötzlich sitzt da ein Kaninchen auf dem Hauptweg im Volksgarten, direkt vor dem Orangerie-Theater. Es blickt kurz hoch, die Nase zittert, die Hinterläufe krachen auf den Boden. Dann rennt es weg von der Orangerie, diesem denkmalgeschützten Gebäude aus der Preußenzeit, verschwindet in nordwestlicher Richtung auf dem Spazierweg, der parallel verläuft zur Volksgartenstraße.

Gleich ums Eck winkt Marko Berger von der Treppe herunter, die zum Orangerie-Büro hinauf führt. Seit dem Jahre 2012 leitet er das Theater, das beherbergt ist in einem früheren Pulvermagazin. Lünette 3 nannten die Preußen das Gebäude, hergeleitet vom Französischen „La Lunette", das Möndchen. 90 Zuschauer hat Berger zur jüngsten Premiere begrüßt, erzählt er, als er in seinem Büro an einer Tasse Kaffee nippt. Das Telefon klingelt, eine Dame der Lokalzeitung ist dran, sie möchte wissen, ob es Elyas M'Barek gewesen sei, der da im Publikum gesessen habe am Abend zuvor. Der Türkisch-für-Anfänger- und Fack-Ju-Göhte-Star. „Er war's", bestätigt Berger. Die Orangerie ist längst mehr als ein Geheimtipp. Vor allem die freie Kölner Theaterszene schätzt Berger und dessen Haus, das Theater, Tanz und Cross-Over-Produktionen zeigt.

Und es ist nicht nur seine Arbeit, die Marko Berger gefällt, den Arbeitsplatz an sich schätzt er auch: „Der Volksgarten ist ein idealer Platz zum Abschalten." Für die Theaterbesucher natürlich, aber genauso für die Theatermacher. Zum Beispiel wenn sie gemeinsam Mittag essen im La Teca („schnell, freundlich, lecker") am Eifelplatz 2, im Casa di Biase („da gibt es eine absolute Wohlfühlatmosphäre") am Eifelplatz 4 oder im Filos („ein wunderbar gemütlicher Künstlertreff") an der Merowingerstraße 42.

Oder ganz einfach beim Bummel durch den 13,9 Hektar großen Park zwischen Vorgebirgs-, Volksgarten- und Eifelstraße sowie Vorgebirgswall. Es ist eine der ältesten Parkanlagen Kölns, angelegt zwischen 1887 und 1889. Mit einem 5,5 Hektar großen Tretbootweiher samt Biergarten („da habe ich schon während meiner Ausbildung gesessen und den Leuten in den Booten zugesehen"). Dem großen, aber gut zu überblickenden Kinderspielplatz mit der roten Eisenbahn, eine Mutter setzt sich mit ihrem Kind in den Waggon hinter der Lok, der Vater gibt von außen Signale, so, als dürfe der

DER MENSCH

Marko Berger (Jahrgang 1962) zog es früh zum Theater: In den 1990ern begann der gelernte Sparkassenbetriebswirt mit dem Kabarett, 2001 baute er eine Kabarett-Bühne in der Innenstadt mit auf. Der gebürtige Kölner beriet bundesweit freie Theater („wie Rach, der Restauranttester, nur als Marko, der Theatertester"), bis er 2012 die Leitung der Orangerie übernahm. Mit seiner Frau lebt Marko Berger in Holweide.

Zug abfahren. Ein Opa schnellt mit seinem Enkel auf der Wippe auf und nieder, auf einer der Schaukeln auf der Wiese zum Weiher hin schwingt sich ein Kind vor und zurück. Dann sind da die verwinkelten kleinen Wege mit den Picknick-Ecken, an einer plätschert sogar ein Bächlein vorbei, ein Kneipp-Becken lädt zur Abkühlung für die Füße ein. Jogger ziehen ihre Runden durch den Park, sie laufen auch vorbei an den Sonnenwiesen mit den Extra-Mülltonnen für Grillasche, einige Läufer halten an, dehnen sich, bewegen sich ein Stück weit auf allen Vieren vorwärts; allerdings in der Variante für Fortgeschrittene mit dem Rücken zum Boden. Vielleicht trainieren sie für die Ninja Warrior?

Und dann ist da der Rosengarten, eingebettet in die Mauern des früheren Forts IV, auch Fort Paul genannt, am nordwestlichen Rande des Volksgartens. Eine Libelle surrt an den Rosen vorbei, die an diesem Sommertag rot, rosa und weiß leuchten, Lavendel verströmt den Duft, wie er typisch ist für die Toskana. Auch für den Kölner Blues-, Rock- und Krätzchensänger Gerd Köster ist der Rosengarten ein besonderer Ort: Dort lernt er neue Liedtexte. „Im Gehen kriege ich die am besten in den Kopf", hat er einmal erzählt. Und

Den Blick schweifen lassen: Der Volksgarten bietet zahlreiche Aussichtspunkte, um die Seele baumeln zu lassen.

Der Volksgarten

DER ORT

Was: Park

Wo: Volksgartenstraße

Für wen: Alle Altersstufen

Besonderes: Das Orangerie-Theater. 1991 ist es von einem Kölner Künstlerkollektiv gegründet und in den Sommermonaten genutzt worden. Seither betreibt der eingetragene Verein das Haus, das seit 2007 städtisch gefördert wird. 2012 übernahm Marko Berger die künstlerische Leitung und Geschäftsführung. Er brachte Teilsanierungen mit finanzieller Hilfe der Stadt Köln und des Landschaftsverbands Rheinland auf den Weg, seither ist der Spielbetrieb ganzjährig möglich. 2018 hat der Rat der Stadt Köln die Vollsanierung des Theaters beschlossen. Alle Infos zum Spielplan und den Eintrittspreisen auf: **orangerie-theater.de.**

Kosten: Der Eintritt in den Park ist kostenfrei und von allen Zugangsstraßen aus möglich, nur nicht durch das Theater.

Anbindung: Mit den KVB-Linien 15 oder 16 bis Eifelstraße oder Ulrepforte, mit der Linie 12 bis zum Eifelplatz

Befestigungsanlage: Die Mauern des Forts IV, auch Fort Paul genannt, bilden den Hintergrund zum Rosengarten.

Marko Berger? Denkt unterwegs an seine frühere Schauspiellehrerin, für die das Thema Pausengestaltung eine Herzensangelegenheit gewesen sei: „Sie hat immer gesagt", erinnert sich der Theaterchef, „Pause machen hat nichts mit pennen zu tun, Pause machen heißt Tapetenwechsel." So wie beim Bummel durch den Volksgarten. Der ab und zu sogar so verzaubert wirkt, dass er an Alice im Wunderland erinnert.

„Wie die Ruhe vor dem Sturm"

INTERVIEW

Sänger Dän Dickopf und Musikhochschul-professor Erik Sohn über Pausen in der Musik

Es ist ein Mittag im Spätsommer. Sänger und Komponist Dän Dickopf (Alte Bekannte, das ist die Nachfolgeband der Wise Guys) betritt mit Musikhochschulprofessor und Bariton Erik Sohn die Crêperie EngelBÄT im Komponistenviertel. Sie sprechen über Pausen in der Musik.

Sind Pausen nicht blöd in der Musik?
Dän: Wieso denn blöd?

Es geht doch keiner ins Konzert, um die Pausen zu hören.
Dän: Das kann man so nicht sagen. Pausen gehören zur Musik, sie bauen Spannung auf. Wenn's zum Beispiel ein bisschen ruhiger wird vor dem Refrain, dann ist das wie die Ruhe vor dem Sturm, der Refrain kommt mit sehr viel mehr Kraft daher; die Pause vorher schürt die Erwartung.
Erik: Außerdem ist es in der Musik wie im richtigen Leben: Jeder braucht zwischendurch kleine Pausen. In der klassischen Musik ist es zum Beispiel so, wenn sich ein Orchester optimal mit dem Publikum verbindet, dann atmen die Zuschauer an den gleichen Stellen wie die Musiker. Das sind die kleinen Pausen, die wir brauchen, um Spannung abzubauen und gleichzeitig Kraft zu schöpfen für neue Spannung.
Dän: Pausen bieten auch Raum für Soli: Wenn eine Stimme pausiert, kann eine andere glänzen. Und vor allem in der klassischen Musik sind natürlich die Konzerte durch Pausen gegliedert.

DIE MENSCHEN

Dän Dickopf (Jahrgang 1970) ist das kreative Herz der Alten Bekannten, der Nachfolgeband von Deutschlands erfolgreichstem A-cappella-Quintett Wise Guys. Mit seiner Familie lebt der Komponist und Bariton in Sülz. Erik Sohn (Jahrgang 1974) stammt aus Friedrichshafen am Bodensee. Er lehrt als Professor an der Hochschule für Musik und Tanz Köln, hat das Festival voc.cologne initiiert und tritt auf als klassischer Bariton. Er lebt mit seiner Familie in Klettenberg.

altebekannte.band, eriksohn.de, voccologne.hfmt-koeln.de

Durch die Pausen zwischen den Sätzen, in die niemand hineinklatschen soll, was aber zunehmend selten funktioniert.
Erik: Das stimmt, in den jüngsten Jahren sind die Pausen lauter geworden. Selbst das Husten nimmt zu, überhaupt die Unruhe im Publikum zwischen den Sätzen.

Woran liegt das?
Erik: Viele halten die Ruhe nicht mehr aus. Sie können mit der Stille nicht umgehen, ständig muss etwas passieren.
Dän: Das ist ein Spiegelbild der Gesellschaft. Wer kann denn noch ruhig sein? Überall laufen Menschen mit Kopfhörern herum, daddeln sie auf ihren Smartphones. Dabei ist es auch für Künstler schön, wenn es im Konzert leise Passagen gibt: Ich freue mich zum Beispiel, wenn wir eine Ballade gesungen haben und das Publikum bleibt erstmal still, genießt selbst die Ruhe, hört den letzten Tönen nach, bevor es applaudiert. Wenn das klappt, ist es ein besonders schöner Moment auf der Bühne.

Verunsichert es denn nicht, wenn keiner klatscht?
Erik: Nicht bei solchen Pausen. Allerdings müssen viele lernen, Pausen auszuhalten. Ich muss mich zum Beispiel sehr konzentrieren, wenn ich sehe, dass im Publikum jemand von der Musik so sehr berührt ist, dass er weint. In solchen Momenten muss ich aufpassen, dass ich mich nicht anstecken lasse, sondern meine Spannung bewahre.
Dän: Wie in der Konzertpause: Da musst du auch deine Grundspannung halten.

Das klingt wenig erholsam, warum spielen die Künstler dann nicht einfach durch?
Dän: Weil die Konzertpause wichtig ist, ähnlich wie die Halbzeitpause im Fußball. Das ist der Moment für konstruktive Kritik: Hat einer Intonationsprobleme? Tut sich jemand schwer mit dem Rhythmus? Mit der Technik? Du machst Manöverkritik, isst und trinkst etwas Leichtes, gehst aufs Klo, ziehst dich um für die zweite Hälfte.

EngelBÄT

DER ORT

Was: Crêperie und Kneipe
Wo: Engelbertstraße 7
Für wen: Für Studenten und alle, die Crêpes und eine moderne Kneipe lieben. Einen Tisch zur Mittagszeit zu reservieren lohnt sich, alle Kontaktdaten unter **engelbaet.de**.
Besonderes: Jeder Crêpe hat einen Namen. Dän Dickopf bestellt sich am liebsten Marco (Hackfleisch, Käse, Tomatensauce, Schinken, Oregano für 8,70 Euro), das hat er schon zu Wise-Guys-Zeiten gegessen, in den Anfangsjahren hat sich die Band häufig im EngelBÄT getroffen. Erik Sohn probiert Gerda (mit Huhn, Ananas, Mandarinen und Currysauce für 9,– Euro). Süße Crêpes gibt's auch: Arnold etwa (mit Nutella oder Konfitüre für 3,– Euro) oder Jenny (mit Banane, Nutella, Eis und Zimt für 5,– Euro).
Kosten: Je nach Bestellung
Anbindung: Mit den Linien 9, 12 oder 15 zum Zülpicher Platz

Kult-Gaststätte: die Crêperie und Kneipe EngelBÄT im Studentenviertel Kwartier Latäng

Erik: Und entspannst nach dem Konzert.
Dän: Wenn der letzte Zuschauer weg ist.

Und dann?
Dän: Höre ich keine Musik mehr.
Erik: Lieber Deutschlandfunk.
Dän: Genau! (Sie lachen und prosten sich zu mit Apfelschorle und Mineralwasser.)

Erik: Dass Musiker einen Weg finden, abzuschalten, ist aber wichtig. Die Ruhe fördert neue Ideen. Ich denke da zum Beispiel an die Kreativblöcke, die die Wise Guys hatten.

Die Auszeiten vom Alltag, wenn die Gruppe zum Beispiel nach Borkum gefahren ist, um sich neue Songs auszudenken.
Erik: Als kreative Pause vom Alltag, in der du dich ganz auf die Musik konzentrieren kannst. Und wenn du mal nicht weiterkommst, lässt du zwischendurch einen Drachen am Meer steigen, spazierst durch die Dünen oder fährst Rad.
Dän: Die Ruhe, die das Meer ausstrahlt, tut mir gut. Der monotone Klang der Wellen, das Rauschen des Windes, die Schreie der Möwen, der sehr weite Horizont, durch den man sich dem Himmel näher fühlt. Das schafft Raum für neue Ideen.

... und ist eine Pause für neue Musik?
Dän: Genau (lächelt).

Machen gern mal Quatsch in der Probenpause: die Alten Bekannten (v. l. n. r.) Clemens Schmuck, Ingo Wolfgarten, Dän Dickopf, Nils Olfert und Björn Sterzenbach

Dän Dickopfs Top 5 der Pausensongs

1 Grooveminister: Verdient (1995)
„Im Text buchstabieren Grooveminister eins zu eins aus, warum sie es sich verdient haben, Pause zu machen. Der entspannte Groove passt zu hundert Prozent dazu."

2 Fantastische Vier: Tag am Meer (1993)
„Das Lied bedeutet mir viel, weil ich selbst das Meer sehr mag. Es stammt vom dritten Studioalbum der Fantas, damit haben sie den deutschen Hip Hop etabliert."

3 Bob Marley: eins der Best-of-Alben
„Für mich gibt es keine entspanntere Musik als Reggae. Der vermittelt Karibik-Gefühl, Sonne, Wärme, Strand, Meer, Freiheit; wie könnte eine Pause schöner sein?"

4 The Beatles: I'm so tired (1968)
„Das Lied ist ein Hausmittel, wenn ich mal nicht schlafen kann. Das macht mich so müde, dass ich es auf langen Autofahrten überspringen muss."

5 Gene Kelly: Singin' in the Rain (1952)
„Mir gefällt die grundpositive Einstellung im Song: Es regnet? Ist kalt? Na und? Ich kann's nicht ändern, tanze ich halt im Regen. So möchte ich mit Pausen im Regen umgehen."

DEUTZ

Die rechtsrheinische Innenstadt

Deutz, das ist der Teil der Kölner Innenstadt, den Fernreisende oft als erstes sehen, wenn sie mit dem Zug nach Köln kommen. Vorbei geht's an der Lanxess-Arena, den Rheinhallen, und kurz vor der Hohenzollernbrücke mit den berühmten Liebesschlössern ragt das Kölntriangle auf, der Turm mit der Aussichtsplattform, dessen dreieckiger Fuß Symbol sein soll für die Form eines Wankelmotors.

Mit 524 Hektar ist Deutz der größte der fünf Stadtteile, die zur Kölner Innenstadt zählen. Und – laut Ingo Schmitz von der Kölnischen Rundschau – „die Boom-Town innerhalb Kölns. Der Stadtteil hat in den vergangenen Jahren gewaltig sein Gesicht verändert, er prosperiert."

Außerdem, na klar, Deutz ist der einzige Teil der Kölner Innenstadt, der im Rechtsrheinischen liegt, auf der sogenannten Schäl Sick. Inzwischen wissen nicht mehr nur die Einheimischen: Schäl Sick ist schick.

TIPP 1

Der Düxer Bock

Was: Öffentlicher Platz
Wo: Am Düxer Bock
Für wen: Alle
Besonderes: Veedelstreff, Leseecke, Brunnen, Nachbarschaftsgarten
Kosten: Keine
Anbindung: Mit den KVB-Linien 1, 3, 4, 9, 150, 153, 196 oder mit der S-Bahn bis Bahnhof Deutz/Messe, dann zu Fuß den Gotenring entlang in Richtung Deutzer Brücke, nach etwa fünf Minuten liegt rechts der Platz Am Düxer Bock.

Eins der Wahrzeichen von Deutz: der Düxer Bock. Er wacht über den nach ihm benannten Platz.

Das ist ein echtes Kleinod: der Platz Am Düxer Bock. Benannt nach der Skulptur in der Mitte des kleinen Areals, ebenjenem Düxer Bock. Der Berliner Bildhauer Gerhard Marcks hat das Tier 1964 geschaffen. Es stammt aus einer Sage über die Fehde eines Steuerfahnders mit einem Schneider und die Liebe zwischen den Kindern der beiden. Anders als bei Romeo und Julia geht die Geschichte von Gertrud und Fritz aber gut aus, ein kölsches Happy End.

Zwei Parkbänke sind auf dem Platz montiert, Anwohner haben ausrangierte Tische und Möbel dazu gestellt. Ein Mini-Gewächshaus haben sie zum Bücherschrank umfunktioniert. Vom Gotenring dringt der Verkehrslärm herüber, aber nur so laut, dass das Plätschern des kleinen Brunnens am Fuße des Düxer Bocks noch zu hören ist. Es wirkt, als wäre der Platz ein Wohnzimmer im Freien. Ein echter Nachbarschaftstreff.

Die Anwohner sind es auch, die sich um die Beete ringsum kümmern. Sogar eine Webseite *(bockaufgarten.de)* haben sie eingerichtet und laden jeden ein, mit ihnen zu gärtnern. Im Sommer treffen sie sich montags gegen 19 Uhr, heißt es im Juli 2019 auf der Homepage. Eine Kräuterspirale haben die Anwohner in einem der Beete angelegt, Naschobst gesetzt (Brombeere, Johannisbeere, Blaubeere) und sogar eine Vogeltränke und ein Vogelhäuschen aufgestellt. Ein Ort zum Abschalten.

Der Messeboulevard zwischen Charles-de-Gaulle- und Picassoplatz

TIPP 2

Was: Weg mit Sitzgelegenheiten
Wo: Verbindung von Charles-de-Gaulle- und Picassoplatz in den Rheinhallen
Für wen: Alle, besonders Pflanzenfreunde und Kaffeegenießer
Besonderes: Fans der Moderatoren aus der RTL-Gruppe haben schon mal Glück und können einen ihrer Fernsehlieblinge beim Vorbeischlendern beobachten.
Kosten: Keine
Anbindung: Mit den KVB-Linien 1, 3, 4, 9, 150, 153, 196 oder mit der S-Bahn bis Bahnhof Deutz/Messe

Pflanzenfreunde und Kaffeegenießer

Das ist der vielleicht ungewöhnlichste Spazierweg der Stadt. Er führt mitten durch ein Gebäude des Deutzer Messegeländes und ist gesäumt von Kamelien und Bambus. Pflanzen, die im Kölner Klima sonst nicht als Straßenrandbepflanzung taugen, sie sind nur eingeschränkt winterhart. Da dieser Fußweg aber überdacht und dadurch sowohl vor zu großer Hitze, als auch vor zu großer Kälte geschützt ist, wachsen die Pflanzen hier so prächtig. Es hat etwas von Urwald, wenn man die Gewächse von einer der Bänke auf sich wirken lässt, die als Beton-Quader gegossen sind und am Wegesrand stehen. Von dort aus fällt auch auf, wie die Bürofassaden aus Holz und Glas dieses besondere Stadtgrün unterstreichen, einen reizvollen Kontrast bilden.

Ab und an sind die Räder eines Skateboarders zu hören, der über die Gussbetonplatten rattert. Sachte strömt auch der Duft vom Kaffeesapiens herüber, dem Café, das Rafet Aydogdu führt. Seit 2015 serviert er eine eigens für ihn kreierte Bohnenmischung, hergestellt von einem Ehrenfelder Röster. Die Milch dazu kommt vom Biobauern aus Leichlingen im Bergischen Land. Von einem Café, so schreibt es Rafet Aydogdu auf seiner Website *(kaffeesapiens.com)*, habe er schon als Kind geträumt. Inzwischen hat er sogar an den Friesenplatz expandiert. Aber ganzjährig draußen sitzen, das geht weiter nur am Messeboulevard.

Ungewöhnliche Flora: Am Messeboulevard wachsen Kamelien und Bambus.

TIPP 3

Die Gaststätte Lommerzheim

Was: Kultgaststätte

Wo: Siegesstraße 18

Für wen: Für alle, die gutbürgerliche Küche und vor allem ein klassisches Kotelett lieben.

Besonderes: In der Gaststätte Lommerzheim verkehrt ein internationales Publikum, hier treffen sich die Einheimischen mit den Messegästen aus aller Welt.

Kosten: Das Kotelett mit Pommes frites und Zwiebeln kostet zum Beispiel 13,– Euro, der Halve Hahn 4,80 Euro, die Gewürzgurke 1,– Euro. Oder wie der Köbes sagen würde: Je nach Deckel.

Anbindung: Mit den KVB-Linien 1, 3, 4, 9, 150, 153, 196 oder mit der S-Bahn bis Bahnhof Deutz/Messe

Köbes mit Herz: Markus Werker in der Kult-Gaststätte Lommerzheim

Die Gaststätte Lommerzheim, von den Einheimischen liebevoll „Lommi" genannt, heißt nicht nur Kult-Gaststätte. Sie ist sogar so sehr mit Deutz verwurzelt, dass sie einen eigenen Eintrag bei Wikipedia hat. Darin ist beschrieben, dass Annemie und Hans Lommerzheim das kölsche Restaurant von 1959 bis 2004 führten. Zu den Geschichten um die zwei gehört zum Beispiel, dass sie einen Besuch des US-Präsidenten Bill Clinton einmal abgelehnt haben, als der 1999 zum G-8-Gipfel in Köln zu tun hatte. Sie wollten nicht ihr Restaurant schließen, wie es der Wunsch des Secret Service war. Den Lommerzheims waren ihre Stammgäste wichtiger, dem Team Clinton empfahlen sie lieber eine Konkurrenzgaststätte.

Seit 2018 führt Markus Werker das Lokal, elf Jahre lang war er zuvor stellvertretender Betriebsleiter gewesen. In kölschem Englisch oder rheinischem Singsang erklärt er den internationalen Gästen die Vorzüge vom Kotelett und die Tücken vom Halven Hahn. Er nimmt Bestellungen auf, zapft an der Theke und bringt Speisen und Getränke an die urigen Holztische, wie sie für kölsche Kneipen klassisch sind. Zu den Stammgästen gehört der Brings-Keyboarder Kai Engel, vom früheren FC-Trainer Peter Stöger hängt noch ein Foto an der Wand. Echt kultig eben.

TIPP 4

Der Rhein-Boulevard

Was: Der schönste Blick auf die Kölner Altstadt

Wo: Am Deutzer Rheinufer

Für wen: Alle, die gerne gemütlich in die Gegend schauen oder die Abendsonne genießen

Besonderes: Die Macher des Kölner Rhein-Boulevards haben im Jahre 2017 den deutschen Landschaftsarchitekturpreis gewonnen. „Eine Treppe zum Rhein erstreckt sich über 500 Meter entlang der Deutzer Rheinseite und definiert diese völlig neu", heißt es im Jury-Urteil. „Aus der stadtabgewandten Rheinseite wird eine Stadttribüne mit Blick auf die Kölner Innenstadt." Das habe das Potenzial zum neuen Wahrzeichen der Stadt.

Kosten: Keine

Anbindung: Mit den KVB-Linien 1, 3, 4, 9, 150, 153, 196 oder mit der S-Bahn bis Bahnhof Deutz/Messe

Ein Blickfang auf der Schäl Sick: Der Rhein-Boulevard hat das rechtsrheinische Ufer aufgewertet.

Der schönste Blick auf Köln: Von den großzügigen Treppen aus ist die Aussicht unverbaut auf die Kranhäuser, die Altstadt und natürlich den Dom.

Sitzen, staunen, Luftschlösser träumen. Das geht vielleicht nirgends in Köln so schön wie vom Rhein-Boulevard aus. Die 500 Meter lange Freitreppe des Berliner Landschaftsarchitekten Maik Böhmer erstreckt sich von der Hohenzollern- bis zur Deutzer Brücke. Und in den acht Jahren der Planungs- und Bauzeit bis Ende 2016 hat sich das 24-Millionen-Euro-Bauwerk am Deutzer Rheinufer zu einem Kölner Kleinod entwickelt. Wer sich auf die Sichtbetonstufen setzt, kann gemütlich das Altstadtpanorama gegenüber genießen, kann den Schiffen nachschauen, wie sie am Dom vorbei tuckern. Kann die Kletterer beobachten, wie sie am Fuße des Reiterstandbildes von Wilhelm I. die öffentliche Kletteranlage des Deutschen Alpenvereins erklimmen oder den Paaren zuschauen, wie sie eins der Liebesschlösser an der Hohenzollernbrücke befestigen – und hinterher den Schlüssel rückwärts in den Rhein werfen.

Wer ein Verzällcher bei der Pause am Rheinboulevard zum Besten geben will, der könnte zum Beispiel mit der Geschichte über die Reinigung des Bauwerks punkten. So schön die hellen Platten auf den rund 5 500 Quadratmetern auch sind, so schwer sind sie zu pflegen. Die Reinigung sollte Stadt und Abfallwirtschaftsbetriebe nach ersten Kostenvoranschlägen jedes Jahr 860 000 Euro kosten, was sich immerhin auf 598 000 Euro reduzierte, wie Tim Attenberger im Kölner Stadt-Anzeiger schreibt. Vielleicht hat da geholfen, dass Rotwein und Shishas von der Treppe verbannt worden sind, die Flecken waren besonders schlecht aus dem Sichtbeton zu entfernen. Archäologisch ist auch einiges gefunden worden beim Bau; wie eigentlich immer bei solchen Großbaustellen in der Stadt. So fanden die Bodendenkmalpfleger unter anderem drei gemauerte Bögen des ehemaligen Kopfbahnhofs der Bergisch-Märkischen Eisenbahn, sogenannte Joche, die dann in den Bau des Boulevards einbezogen wurden. Nicht mehr zu sehen sind dagegen die Überreste von Alt Sankt Urban, der ältesten Kirche im Rechtsrheinischen, die vermutlich im 8. Jahrhundert gebaut worden war. 1784 war das Bauwerk durch ein Hochwasser endgültig zerstört worden. Geplant ist, das Fundament der Kirche auf einer Rasenfläche an der Promenade nachzuzeichnen – auch eine Art von Luftschloss.

Für die Fotopause: der Dom bei Sonnenuntergang

Die Deutzer Freiheit

Was: Einkaufsstraße
Wo: Deutzer Freiheit
Für wen: Bummler, Café- und Einzelhandelsfans
Besonderes: Wer Vollkorn mag, sollte einen Abstecher machen zur Bäckerei Hansen (Hausnummer 53–57). Der Verband der Deutschen Innungsbäcker testete 2019 unter anderem das Sonnenblumen-Schwarzbrot, den Vollwert-Stollen und das Eifler Brot mit „sehr gut".
Kosten: Kostenfrei. Es sei denn, der Sinn steht nach Kaffee oder shoppen.
Anbindung: Mit den KVB-Linien 1, 7 oder 9 bis Deutzer Freiheit

Flaniermeile: An der Deutzer Freiheit wechseln sich Cafés mit inhabergeführten Geschäften ab.

Wer's gern ein wenig geselliger mag, der ist auf der Deutzer Freiheit richtig. Der großen Einkaufsstraße im Veedel. Da trotzen die Händler noch der Konkurrenz aus dem Internet, der Deutzer Uhrmacher zeigt Uhren und Schmuck in seinen Vitrinen, bei „The Art of Living" lockt ein Holzschild zum „Lieblingsplatz", buhlen Dahlien und Steinbrech um die Wette um Käufer. Wer Schuhe sucht, findet sie bei Kroeger Shoes, wer neue Dekotipps für die Einrichtung daheim braucht, kann sich beraten lassen bei der Raumausstattung Frank.

Und vor allem kulinarisch haben die Anlieger einiges zu bieten: Schauspieler Giovanni Luzi („Die Anrheiner") schwört zum Beispiel auf den Espresso aus der Kaffeebar, Musiker Kai Engel hat sich die Hochzeitstorte von Bäcker Rainer Hütten backen lassen, das Pfefferminzeis im Eiscafé Cortina lädt genauso zum Verweilen ein wie die Kuchen im Café Heimisch, und das ist noch lange nicht das ganze Angebot entlang der Straße.

Wer sich schließlich satt gesehen und gegessen hat, kann noch ein wenig zur Ruhe kommen in der Pfarrkirche Neu Sankt Heribert, die direkt am Eingang der Deutzer Freiheit steht und im Volksmund als Düxer Dom bezeichnet wird – wegen der beiden Kirchtürme. In der dreischiffigen Pfeilerbasilika befindet sich der Heribert-Schrein mit den Reliquien des Heiligen Heribert (970–1021), des einstigen Erzbischofs von Köln und Gründers der Abtei Deutz. Der Schrein von 1175 gilt als eins der Hauptwerke der romanischen Goldschmiedekunst.

TIPP 6

Das Spa im Dorint-Hotel

Was: Schwimmbad, Sauna, Fitnessbereich, Massagen und Kosmetik
Wo: Im Dorint an der Messe Köln, Deutz-Mülheimer Straße 22–24
Für wen: Für alle, die Wellness mögen
Besonderes: Unbedingt ein Mint-Bonbon an der Rezeption probieren, die sind lecker.
Kosten: Hängt von den Anwendungen ab. Der Eintritt ins Schwimmbad und die Saunalandschaft kostet generell 25,50 Euro für Erwachsene pro Tag. Es gibt aber zum Beispiel ein Dreimonats-Abo für 169,– Euro, das sich erweitern lässt auf ein halbes (299,– Euro) oder ein ganzes Jahr (399,– Euro).
Anbindung: Mit den KVB-Linien 3 oder 4 zur Haltestelle Koelnmesse, das Hotel liegt direkt gegenüber.

Ruhebereich: Liegen laden ein zur Erholung nach dem Saunagang, der Massage oder einem Bad.

Klein, aber fein: das Schwimmbecken im Dorint-Hotel an der Messe

Psst, nicht weitersagen, aber wer einmal in Ruhe dort Wellness genießen möchte, wo auch schon die Profis vom 1. FC Köln oder Hollywood-Star Diane Kruger übernachtet haben, der sollte am besten donnerstagvormittags ins Spa des Dorint-Hotels an der Messe kommen. Unter der Woche ist tagsüber kaum jemand da, verrät Direktionsassistentin Sandra Weinsheimer. Darum hätten sie den Wellness-Bereich des Hotels für Gäste von außerhalb geöffnet.

An das Schwimmbad grenzt ein Ruheraum im Stile eines großzügigen Wintergartens mit Palmen und Holzliegen an, vorgelagert ist der Saunabereich mit dem Klassiker, der finnischen Sauna. Das Dampfbad und die Salzgrotte werden unter der Woche erst um 15 Uhr eingeschaltet. Auch der Fitnessraum steht zur Benutzung offen, Massagen oder Kosmetikbehandlungen sind je nach Verfügbarkeit ebenfalls möglich, kosten aber zusätzlich. Nicht so die Handtücher, zwei stehen jedem Besucher zur Benutzung zu.

Im Jahre 2013 war der gesamte Wellnessbereich des Hotels durch einen großen Brand zerstört worden. Entsprechend neu ist die Einrichtung. Natürlich ist sie nicht mit den Wellnessangeboten der nahen Claudius Therme zu vergleichen, die ebenfalls in Deutz beheimatet ist. Sie lädt am Fuße der Zoobrücke zum Verweilen ein. Und Schwimmer mit Sportambitionen kommen im Hotelpool auch nicht auf ihre Kosten, dafür ist er mit fünf mal elf Metern zu klein und auch nicht tief genug. Aber für alle, die einfach mal was für ihre Gesundheit tun möchten und dabei Ruhe und etwas Starglanz suchen, für die ist eine Pause im Dorint-Spa eine gemütliche Alternative.

TIPP 7

Der Deutzer Kommunalfriedhof

Was: Friedhof

Wo: Rolshover Kirchweg

Für wen: Alle, die Parks mögen.

Besonderes: Der Friedhof hat sehr unterschiedliche Öffnungszeiten, sie wechseln nach den Jahreszeiten, beziehungsweise auch zu Feiertagen. Die Kernöffnungszeit ist von 10 bis 16 Uhr, dann steht das Tor eigentlich immer offen.

Kosten: Keine

Anbindung: Mit der KVB-Linie 196 bis Deutzer Friedhof oder mit der Linie 7 bis Poller Kirchweg

Mit seinem E-Bike ist Kurt Münz gekommen. Es lehnt an der Parkbank, auf der er sich zurückgelehnt hat. Dass er auf einem Friedhof Pause macht, ist auf den ersten Blick nicht zu erkennen. Der Zahntechniker im Ruhestand, Jahrgang 1940, hat es sich am Rande eines der Hauptwege bequem gemacht, einer Allee mit hoch gewachsenen Bäumen, die an diesem Sommertag wohltuenden Schatten spenden.

Eigentlich lebt der Witwer in Westhoven. Regelmäßig kommt er aber herüber, pflegt das Grab seiner Frau und schaut auch nach dem seiner Eltern. Sie stammten aus Deutz, es ist der Stadtteil, in dem Kurt Münz aufgewachsen ist, der für ihn mit vielen Erinnerungen behaftet ist. Außerdem gefalle ihm der Friedhof besser als der in Westhoven, erzählt er, darum komme er gern.

Das sei ein Trend, weiß Sascha Haake, er ist Mitarbeiter der städtischen Friedhofsverwaltung. „Viele Menschen nutzen die Friedhöfe als Naherholungsgebiet, manche auch als sozialen Treffpunkt." Auf dem Deutzer Friedhof habe er zum Beispiel schon Menschen aus den nahen Büros mit ihren Pausenbroten auf den Parkbänken sitzen sehen. Unter anderem liegt der TÜV in direkter Nachbarschaft des gut fünf Hektar großen Friedhofs.

Vögel zwitschern hier, der Wind raschelt durch die vielen alten Alleebäume. Birken, Akazien, Ahorn, Thuja und Eiben wachsen da, Kiefern verströmen ihren typischen Waldduft. 1896 ist der Friedhof in Betrieb genommen worden. Bierunternehmer Albert Sünner ist hier zum Beispiel beigesetzt, der Nobelpreisträger für Chemie Kurt Alder, der letzte Deutzer Bürgermeister Robert Reisch und auch Gertrud Ostermann, die Mutter von Sänger Willi, der ihr die Grab-Inschrift dichtete: „Wie glöcklich sin die, die ehr Mutter noch han, der mer alles verzälle un die eine berode kann."

Das könnte die Allee in einem großen Park sein: einer der Hauptwege über den Deutzer Kommunalfriedhof

TIPP 8

Der Deutzer Hafen

Was: Das wohl maritimste Fleckchen Kölns

Wo: Poller Kirchweg

Für wen: Für alle, die sich ein bisschen in die Ferne träumen möchten

Besonderes: Der Rheinauhafen gegenüber hat vorgemacht, was aus den stillgelegten Kölner Häfen herauszuholen ist. Mal sehen, was aus der „Modernen Stadt" wird, zu der sich der Deutzer Hafen mausern soll.

Kosten: Keine

Anbindung: Mit der KVB-Linie 7 bis Poller Kirchweg

Stets zur Stelle: Das Löschboot liegt für schnelle Einsätze auf dem Rhein im Deutzer Hafen vor Anker.

Der Deutzer Hafen soll eins der spannendsten Bauprojekte Kölns werden: Eine „moderne Stadt", so der Projektname, soll dort voraussichtlich von 2021 an entstehen. Die Architekten des dänisch-deutschen Büros Cobe planen etwa 3000 Wohnungen sowie Raum für 6000 Arbeitsplätze. Viel Grün soll es geben und einige Industriedenkmäler sollen erhalten werden. Die Ellmühle etwa, die Getreidemühle, die 1909 eröffnet wurde. Und auch einige der historischen Hafenkräne verbinden die moderne Stadt mit deren Historie, sie sollen in eine Hafenpromenade integriert werden. Es könnte „eines der fantastischsten Viertel Kölns" werden, so erhofft es sich der Dombaumeister und bekennende Deutzer Peter Füssenich im Kölner Stadt-Anzeiger.

Die Molenspitze mit dem vorderen Teil des Hafens im Norden soll allerdings frei bleiben. Das nutzen bisher vor allem die Kapitäne vieler Flusskreuzfahrtschiffe, sie legen im vorderen Teil des Deutzer

Hafens an. Die Annakristina etwa, die Serenade und auch die Jane Austen. Ein Bootsmann läuft mit dem Wasserschlauch über die Decks der Annakristina, säubert das Schiff. Auf der Serenade decken Stewards die Tische ein, frische Blumen stehen auf den weißen Tischdecken. Immer zur Stelle, falls ein Boot mal Probleme hat, sind die Schiffe der Löschbootstation im Hafen. 1992 war die Hafenfeuerwache aus dem Linksrheinischen herübergezogen. Aus dem Rechtsrheinischen rücken die drei Boote zu ungefähr 200 Einsätzen im Jahr aus, wenn zum Beispiel ein Schiff meldet: „Mann über Bord“, wenn irgendwo Feuer an Bord ausbricht oder wenn ein Schwimmer aus dem Rhein gerettet werden muss.

Ach ja, und dann ist da noch die Drehbrücke, die den Molenkopf vom größeren Teil des Hafenbeckens trennt. Diese Nietenkonstruktion mit den etwas über 31 Metern Spannweite, ein technisches Denkmal, zehn Meter breit, gebaut 1907, als auch der Hafen entstand. Seit 1980 steht die Brücke unter Denkmalschutz. An Wochenenden ist die Brücke für Autos gesperrt, dann heißt es Fahrt frei für

Das Fernweh stillen: Mit den Flusskreuzfahrtschiffen, die im Deutzer Hafen ankern, lässt es sich den Rhein hinunter Richtung Meer träumen.

Radfahrer, Inliner, Skater, Fußgänger oder Jogger, die hinüber möchten in Richtung Poller Wiesen, diesem Tummelplatz für Drachensteigenlasser und Fußball-Pöhler, der zumindest ein Stück weit ebenfalls noch auf Deutzer Gebiet liegt. Ein weiterer Grund für eine entspannte Pause am Wasser – und ein Ort, um sich in die Ferne zu träumen.

TIPP 9

Der Von-Sandt-Platz

Was: Öffentlicher Platz
Wo: Von-Sandt-Platz
Für wen: Mittagspäusler
Besonderes: Die alten, ausladenden Bäume bieten auch an sehr sonnigen Tagen ausreichend Schatten.
Kosten: Keine
Anbindung: Mit den KVB-Linien 1, 3, 4, 9, 150, 153, 196 oder mit der S-Bahn bis Bahnhof Deutz / Messe

Sie war'n noch niemals in New York? Das macht nichts. Holen Sie sich Ihr New-York-Gefühl doch einfach am Von-Sandt-Platz in Köln-Deutz. Der kleine Park hat etwas von den Mini-Grünanlagen, wie sie zum Beispiel auch das East Village in Manhattan aufwerten. Gartenbaumeister Fritz Encke (1861–1931) hat diese Oase mit der mehr als 130 Jahre alten Rosskastanie angelegt. Alles fein symmetrisch angeordnet mit einer kleinen Kinderspielecke. Das war ihm wichtig: Stadtgärten für die Bewohner der Mietshäuser ringsum, die keine eigenen Gärten hatten, denen er aber Raum im Grünen schaffen wollte. Treffpunkte für alle, frei nach dem Motto der Römer: Rus in urbe, Landschaft in der Stadt. Ähnlich gestaltete Fritz Encke den Lortzingplatz in Lindenthal und auch den Manderscheider Platz in Sülz.

Ein beliebter Mittagspausentreff für Anwohner und Berufstätige: der Von-Sandt-Platz

In Deutz sitzen mittags viele auf den Parkbänken am Von-Sandt-Platz mit ihren Butterbroten und genießen die Pause an der frischen Luft. Abends wird der Park zum Nachbarschaftstreff. Benannt ist er nach dem Verwaltungsjuristen Max von Sandt, der 1907 zum Regierungspräsidenten des Bezirks Aachen ernannt worden war.

Das nahe Hotelux ist bei Kennern der Kölner Barszene beliebt. Vom Rathenauplatz sind die Pächter hergezogen und haben ihr „Sovietlokal" im Rechtsrheinischen wiedereröffnet – mit Panzerkreuzer-Potemkin-Malerei an der Wand und der Spezialität, na klar, Wodka samt Essiggurke hinterdrein.

Parks wie dieser sind auch bekannt aus London. Im feinen Notting Hill zum Beispiel gibt es sie im georgianischen Stil, allerdings sind sie dort häufig den Anwohnern vorbehalten und abgeschlossen. Nicht so in Deutz. Eine Pause am Von-Sandt-Platz steht jedem offen. Das New-York- (oder noble London-) Gefühl stellt sich dabei ganz von selbst ein.

TIPP 10

Der Pyramidenpark samt Altem Deutzer Friedhof

Was: Doppelpark
Wo: Zwischen Deutz-Kalker- und Gummersbacher Straße
Für wen: Spaziergänger, Jogger, Pöhler, Fangen-Spieler, Picknicker und Radfahrer
Besonderes: Überraschender Blick auf die Lanxess Arena
Kosten: Keine
Anbindung: Mit den KVB-Linien 1, 9 oder 153 nach Deutz/Technische Hochschule

Ein Stück Gartenbaukunst: Die Graspyramide lädt im Pyramidenpark zum Flanieren ein.

Eigentlich sind es ja zwei Parks, die da zwischen Deutz-Kalker- und Gummersbacher Straße liegen. Aber der Alte Deutzer Friedhof und der dahinter liegende Pyramidenpark ergänzen sich so gut, gemeinsam ergeben die beiden erst ein Ganzes.

Der Alte Deutzer Friedhof wirkt mit seinen ausladenden alten Bäumen beinahe wie ein kleines Stückchen Wald in dieser ansonsten sehr betongrauen Ecke von Deutz. Auf die frühere Nutzung als Kommunalfriedhof verweisen nur einige wenige Gedenksteine: „Ruhestätte der Familie Urbach“, heißt es da zum Beispiel. Und die drei Kreuze in der Parkmitte wirken, als wären sie ein Abbild der Kreuzigungsszene Jesu auf Golgotha. Sonst ist der Park eine schattige Oase.

Die übrigens bei Läufern beliebt ist, weil die Parkrunde ziemlich genau 400 Meter beträgt und darum gut für Tempoläufe taugt. Vor allem in Ergänzung mit dem angrenzenden Pyramidenpark, wie es im überregionalen Online-Läufermagazin „Laufen.Koeln“

empfohlen wird: Wer dort die etwa 130 Meter lange Rampe auf die gut acht Meter hohe Rasenpyramide hinaufläuft, hat das Tempotraining um einen Hügellauf ergänzt. Auf die Pyramide lässt es sich aber auch gemütlich spazieren. Und von der Aussichtsplattform oben ist der Blick in Richtung Nordwesten auf den Bogen der Lanxess Arena besonders, den Henkel vom Henkelmännchen, wie die Kölner ihre Mehrzweckhalle nennen.

Der Pyramidenpark selbst lässt sich von dort oben natürlich auch gut überblicken: Die großzügige Rasenfläche, die im Sommer zum Pöhlen, Boulespielen oder Picknicken einlädt. Die allerdings kaum über Schatten verfügt, wie ihn der Alte Deutzer Friedhof so schön bietet. Das ändert sich erst wieder, wenn man dem Hauptweg des Pyramidenparks in Richtung Osten folgt: Dort schließt sich eine üppigere Bepflanzung samt Parkbänken an. Und ein alter Prellbock ist aufgebaut, er soll erinnern an das Straßenbahndepot, das die Kölner Verkehrsbetriebe hier einmal betrieben haben.

Ein Ort zum Durchpusten: der Alte Deutzer Friedhof

DER BUMMEL

Mit Gerhard Böckmann durch den Rheinpark, den er bis ins Jahr 2013 geleitet hat

Natürlich hat er den Treffpunkt gut gewählt. Gerhard Böckmann hatte das Parkcafé vorgeschlagen, gleich hinter dem Tanzbrunnen und doch bereits mitten drin im Rheinpark. Das Café mag auch mal wieder ein Schmuckstück werden im größten Park des rechtsrheinischen Kölns. An diesem Sommertag ist es allerdings eingerüstet, Mitte 2020 soll es wiedereröffnen, weiß Böckmann ein Jahr vor der geplanten Feier. Der gelernte Landwirt und Gärtnermeister hat von 2005 bis 2013 den Rheinpark geleitet, seither ist er Geschäftsführer des Rheinpark-Fördervereins, zweimal pro Woche ist er immer noch hier. Ein Gärtner grüßt ihn fröhlich mit: „Hallo, Ex-Chef!"

Aber die Baustelle ist natürlich nicht der Grund, warum Böckmann sich hier treffen wollte. Vorm Parkcafé befindet sich der Blumenhof. Und der ist im Sommer ein echtes Schmuckstück: Steppensalbei blüht blau und lockt die Bienen an, Sonnenhut leuchtet rosa, Rudbeckien strahlen gelb, dazwischen drängen sich orangefarbene Tagetes und rote Begonien. Schmetterlinge flattern über die Blüten hinweg. „Egal auf welche Bank Sie sich hier setzen", findet Böckmann, „hier können Sie die Seele baumeln lassen." Und die Augen wandern: Auch über die Phoenix-Palmen, die in Töpfen zwischen den Beeten stehen. Im Winter werden sie eingelagert in der Stadtgärtnerei in Poll, sie sind nicht frosthart und gingen sonst ein. Den Hintergrund für dieses lebendige Stillleben bilden Mammutbäume, eine Wasserlerche, eine Nestfichte, ein Ahorn und eine Linde. Wozu überhaupt noch weiter bummeln? Dieser Pausenplatz ist doch ziemlich perfekt?

„Ich will Ihnen aber noch mehr zeigen!", protestiert Gerhard Böckmann. Er führt den Weg Richtung Auenweg, dort sind die sogenannten Hausgärten angelegt. Zur Landesgartenschau 1957, als der Rheinpark angelegt wurde, wollten die Landschaftsarchitekten Hobbygärtnern Ideen für daheim mitgeben. Es ist eine ruhige Ecke des Parks, eine Wandelhalle führt vorbei an den vier Hausgärten. Für daheim taugen sie allerdings nicht mehr so sehr als Vorbild, die Bäumchen von damals sind Bäume geworden, ihre Wurzeln lassen kaum einer anderen Pflanze Licht oder Raum, um neben ihnen zu wachsen.

DER MENSCH

Gerhard Böckmann (Jahrgang 1948) ist in Mülheim an der Ruhr aufgewachsen. Mit 14 Jahren ging er in die landwirtschaftliche Lehre, schloss eine Ausbildung zum Gärtner im Botanischen Garten in Köln an. Als Gärtnermeister leitete er den Rheinpark und auch die Stadtgärtnerei in Poll. Seit er 2013 in den Ruhestand gegangen ist, betreut er im rechtsrheinischen Köln die ehrenamtlichen Paten, die zum Beispiel die Baumscheiben bepflanzen, die kleinen Beete rings um die städtischen Bäume. Mit seiner Frau lebt Gerhard Böckmann in Flittard.

Ganz anders ist es im Rosengarten, ein ganzes Stück weiter nördlich im Park, Richtung Zoobrücke. Etwa 1 000 Rosen drängen sich hier in den Beeten, wetteifern im roten, rosafarbenen, gelben und weißen Flor („das haben wir 2005 alles neu angelegt"). Fünf überdachte Sitzplätze laden zum Verweilen ein, hinter den Rosen fährt die Kleinbahn vorbei, die den Rheinpark ungefähr im 15-Minuten-Takt umrundet. Vom Wasser speienden Igel klingt ein Plätschern herüber. Und noch ein Stück weiter hinten fließt der Rhein am Park vorbei.

An dessen Ufer haben Helfer Kieselsteine gesammelt, als sie den Brunnengarten saniert haben. Kurz vor der Zoobrücke, ganz im Norden des Rheinparks, sprudeln 13 kleine, kreisrunde Brunnen aus dem Boden. Umlegt ringsum mit Grauwacke-Platten aus dem Bergischen Land sowie ebenjenen Kieseln vom Rheinufer. „Die Mitglieder des Fördervereins des Brunnengartens haben das alles wieder hübsch gemacht", erzählt Gerhard Böckmann – und setzt sich auf

Alle Viere von sich strecken: Die Wiesen im Rheinpark laden ein zum Sonnenbaden, Picknicken, Bolzen.

Der Rheinpark

DER ORT

Was: Park

Wo: Zwischen Hohenzollern- und Zoobrücke, zwischen Rhein und Auenweg

Für wen: Draußenfreunde

Besonderes: Von Mitte März bis Mitte Oktober fährt eine Kleinbahn durch den Rheinpark. Seit 1957 ist sie auf der etwa zwei Kilometer langen Strecke unterwegs, um den Park einmal zu umrunden braucht sie etwa 15 Minuten. Alle Infos dazu auf **kleinbahn.koeln**.

Anbindung: Mit den KVB-Linien 1, 3, 4, 9, 150, 153, 196 oder mit der S-Bahn bis Bahnhof Deutz / Messe

Der Klassiker: Die Kleinbahn fährt ungefähr im 15-Minuten-Takt durch den Rheinpark.

eine Bank. Sachte rieselt das Wasser auf den Boden, es klingt wie ein warmer Sommerregen. Ein Ort, an dem sich Kinder im Sommer die Schuhe ausziehen und barfuß durchs Wasser laufen können.

Wobei die allerbeste Pause für Kinder der Spielplatz bietet, der mitten im Park liegt, zwischen Rheinufer und Parkcafé. Auf dem Weg dorthin läuft Gerhard Böckmann mitten über die Rasenflächen. „Das darf man hier", ermuntert er zum Nachahmen, „im Rheinpark ist das extra erwünscht. Die Wiesen sind zum Toben, Frisbee oder Fußball spielen und zum Picknicken da." Nur nicht zum Grillen, offenes Feuer sei verboten, betont er, als er auch schon am Spielplatz steht. Riesenrutschen und ein Seilgarten laden Kinder dazu ein, ihre Kräfte zu testen, die eigenen Grenzen auszuloten.

Eine Gruppe Mädchen und Jungen klettert und balanciert gerade über die roten Seile. Angestrengte Gesichter sind zu sehen, aber noch mehr fröhliche. Und Kinderlachen, das schallt auch herüber.

Wie übrigens auch aus dem Wasserspiel, das in Richtung Auenweg hinter dem Spielplatz liegt, gleich jenseits der Kleinbahn-Gleise. Aus einem Wasserfall rauscht Wasser in beigefarbene treppenförmige Riesenwannen, durch die das Wasser in ein betretbares Becken läuft. Es lädt ein zum Kneippen, zum Durchwaten wie ein Storch. Und bringt Kinder zum vergnügten Kreischen. Und Wasserspritzen. Und Pause genießen.

„Einen einzelnen Pausenort", sagt Gerhard Böckmann, „kann ich Ihnen hier nicht empfehlen. Aber wer sich auf den Rheinpark einlässt, wer einfach in Ruhe hindurch spaziert und ihn entdeckt, der wird den passenden Pausenplatz für sich finden."

Windspiel: Davon sind einige im Park verteilt.

Sag's durch die Blüte: der Dom vom Rheinpark aus gesehen

„Mitten rein ins Herz"

INTERVIEW

Profi-Koch Mario Kotaska im Gespräch

Es ist Saisoneröffnung bei den Kölner Haien. Profi-Koch Mario Kotaska kommt zum Eishockey-Stadion am Willy-Brandt-Platz 3. Die Spiele seines Lieblingsclubs lässt er sich nicht entgehen, seit 2011 hat er eine Dauerkarte, für die Heim-WM 2017 war er kulinarischer Botschafter. Nun spricht Mario Kotaska über Pausenkost und freut sich schon auf eine Stadionwurst.

Mögen Sie eigentlich Pausenbrote?

Och, Pausenbrot. Das klingt so unsexy, nach liebloser Stulle, die man braucht, weil man ja was essen muss, um weiterdenken zu können. Dabei kann man Pausenbrote ziemlich lecker hinbekommen, recht leicht sogar.

Wie denn?

Zum Beispiel ein Vollkorntoast mit Frischkäse bestreichen, ein bisschen Gartenkresse drauf, fertig. Sehr einfach, aber immer lecker. Oder die Wurst- oder Käsestulle nehmen, aber zwischen Brot und Belag noch eine Scheibe Salat legen. So trocknet das Brot nicht aus. Ein selbst gekochtes Ei funktioniert auch in der Butterbrotdose. Das ist alles ein wenig mehr Aufwand, als das Brot nur mit einer Scheibe Käse zu belegen. Aber es ist dann ja auch eine Belohnung in der Pause für das, was man vorher geleistet hat.

Machen Sie solche Brote für ihre Kinder?

Oh, wie beantworte ich das jetzt, ohne rot zu werden (lacht)? Ich mache die Schulbrote nicht immer, ich bin ja beruflich sehr viel unterwegs. Aber wenn ich zu Hause geschlafen habe, dann stelle ich mich morgens hin und mache die Brote. Und ich glaube auch, dass die schmecken, die Dosen kommen jedenfalls immer leer zurück.

DER MENSCH

Mario Kotaska (Jahrgang 1973) ist aufgewachsen im nordhessischen Schauenburg-Elgershausen bei Kassel. 2002 zog er nach Köln. Als Küchenchef gehörte er zum Team, das dem La Société 2006 einen Stern erkochte, fünf Jahre zuvor hatte er schon dem Team angehört, dem das für das Adermann in Berlin gelungen war. Mario Kotaska ist bekannt als Moderator, Fernseh- und Promikoch (unter anderem „Grill den Profi"). Er betreibt das Niehler Cateringunternehmen Bratwerk und das Restaurant SchmidtZ & KO mit dem befreundeten Kollegen Ralf Zacherl in Berlin. Mit seiner Frau Gudrun und den beiden Kindern lebt er in Rondorf.

Gibt es typisch kölsche Brote?
Na klar, das Brötchen mit dick Fleischwurst. Das kenne ich weder aus Kassel, wo ich herstamme, noch aus Berlin, wo ich das Schmidt Z&KO mit Ralf Zacherl betreibe.

Das Restaurant mit einer Weinbar und einer Kochschule.
Genau. Aber dort gibt's das Brötchen mit dick Fleischwurst drauf nicht, das gibt's nur in Köln. In Köln kennt das jeder Bäcker und jeder Metzger. Das ist ein einfaches, manchmal sehr notwendiges Pausenbrot, oft ist es sogar mehr: ein Seelentröster.

Schön gesagt.
Die Kölner haben es ja ohnehin mit ihren Spezialbrötchen. Als ich 2002 in die Stadt gezogen bin –

Da sind Sie Küchenchef im La Société in der Südstadt geworden. Dem Restaurant haben Sie 2006 einen Stern erkocht.
Genau, und da hatte ich mich eines Abends in eine kölsche Wirtschaft gesetzt, ich wollte die Kölner Lebensart kennenlernen. Ich

Zwei Leidenschaften auf einmal: Promi-Koch Mario Kotaska genießt eine Bratwurst, während er seinem Lieblingsclub zuschaut, den Kölner Haien.

Lanxess Arena

DER ORT

Was: Multifunktionsarena
Wo: Willy-Brandt-Platz 3
Für wen: Eishockeyfans, Konzertbesucher, Karnevalisten – je nach Veranstaltung
Besonderes: Die Kölner nennen die Lanxess Arena „Henkelmännchen" wegen der bogenförmigen Stahlkonstruktion, die das Dach der Halle trägt.
Kosten: Je nach Veranstaltung. Britney Spears und Metallica, Roland Kaiser und Andrea Berg sind hier schon aufgetreten. Die Karnevalsstars der Lachenden Köln-Arena füllen die Halle regelmäßig, sogar Spiele sowohl der Eishockey-, als auch der Handball-Weltmeisterschaft der Herren sind hier schon ausgetragen worden.
Anbindung: Mit den KVB-Linien 1, 3, 4, 9, 150, 153, 196 oder mit der S-Bahn bis Bahnhof Deutz / Messe

sah den Halven Hahn in der Karte, habe ihn bestellt und war sehr überrascht, als ich dann kein halbes Hähnchen bekam. Da hatte ich mich schon richtig drauf gefreut. Stattdessen kam ein Käsebrötchen mit Senf.

Der Klassiker.
Mir hat sich auch bis heute nicht erschlossen, was die Kölner der Kombination aus Käse und Senf abgewinnen. Na ja, aber aus dem Missverständnis habe ich die kölschen Tapas entwickelt, die wir im La Société angeboten haben. Reibekuchen mit Tatar, kleine Metthäppchen oder ein leckeres Frikadellchen, das geht immer.

Auch beim Picknick?
Oh, Picknick in einem schönen Park im Sommer, das mag ich. Mit mindestens zwei Vorratsdosen für Salat, den alle mit Gabeln aufpiksen können, ein schönes Stück Käse dazu, eine Flasche Wein, ein paar frische Früchte zum Naschen und ein kleiner Kuchen für hinterher. Fertig ist das Mehrgang-Menü im Freien. Herrlich.

Warum verbinden wir Menschen Pausen überhaupt mit Essen?
Hm, mal überlegen. Zum einen ist Essen ja einfach notwendig, wir müssen essen. Und es ist ganz einfach gesünder, das in einer Pause zu tun als im Gehen. Mir tun die Leute immer leid, wenn ich sie sehe, wie sie sich ein Brötchen oder einen Döner im Gehen reindrücken. Das ist ungesund. Essen hat mit Emotion zu tun, damit, sich etwas Gutes zu tun. Und das kann auch mal eine Stadionwurst sein, die ist für mich immer ein bisschen Kindheitserinnerung, die habe ich schon mit meinem Vater gegessen.

Und daraus ein Geschäft gemacht.
Mit dem Bratwerk, ja. Und gerade eine Currywurst, die ist für mich ein klassischer Pausensnack, ein richtiges Gute-Laune-Essen: Wenn die Sauce gut ist, hat sie eine leichte Schärfe, die mitten ins Herz geht und einen sich überall warm fühlen lässt. Zu der übrigens auch gehört, dass ich mir den Rest Sauce vom Zeige- und Mittelfinger abschlecke. Das gehört zum Genuss dazu.

Mit Schal und Vorfreude: Mario Kotaska auf dem Weg zu den Haien

Mario Kotaskas 5 liebste Pausensnacks

1 Chicken Sandwich

2 Joghurt mit Müsli

3 Frische Erdbeeren

4 Selbst gemachte Limonade

5 Schokokekse

LANXESS arena
CHALLENGE
EDMONTON OILERS
KÖLNER HAIE

„Muße ist der schönste Besitz von allen"

Sokrates

Macht's mit Muße: Jochen Schulz liest im Fenster von „Bücher Schulz" am Eigelsteintor.

TOUCAN DO IT!
Orientalismus
DIE PALÄSTE VON FLORENZ
DIE JÜDISCHE WELT
OCEANIC ART
OZEANISCHE KUNST
ART OCÉANIEN
komme was wolle
Opas
SIND WIE PAPAS
ROLF JAHN
PALÄSTE AUF SIZILIEN
Omas
sind wie Mamas
DIE FLÜSSE VON LONDON
DIE FLÜSSE VON LONDON
AUTOWAHN
JONAS LÜSCHER
KRAFT
mimimi
Ich bin total nett,
außer:
ICH BIN ÜBRIGENS
NICHT PERFEKT
UND
ICH ARBEITE

DANKESCHÖN

Martina Goyert und Verena Koll möchten danke sagen …

… dem Team des J. P. Bachem Verlags, allen voran unserem Model Anika Mittler, von der die Idee zum Buch stammt. Kerstin Goldbach, die an uns gedacht und sich unermüdlich für das Projekt eingesetzt hat. Philine Lissner für das kluge Lektorat und Petra Drumm sowie Jeanette Frieberg für das muntere Layout.

… unseren Interviewpartnern, ohne die dieses Buch nicht möglich gewesen wäre. Speziell Mara Bergmann und Thomas Rüttgers (Altstadt Nord), Hella und Hans zum Felde sowie Cornel Wachter (Altstadt Süd), Barbara Ruscher und Oliver Jordan (Neustadt Nord), Marko Berger, Erik Sohn und Dän Dickopf (Neustadt Süd) sowie Gerhard Böckmann und Mario Kotaska (Deutz), die sich besonders viel Zeit genommen haben.

… unseren Kontakten bei der Stadt, den KölnBädern, der Philharmonie, der KVB, dem Erzbistum, den Museen und all den anderen, die uns ihre Türen geöffnet oder als Türöffner gewirkt haben.

… Willibert Pauels für sein Bekenntnis zum Lieblingswort „Pause".

… unseren Models Adelheid, Alina, Anna, Birgit, Claudia, Frau Käsbach, Frederik, Jörg, Jule, Kim, Markus, Martin, Necmetin, Renate, Ria, Robbe, Simone und Wilhelm.

… all denen, an die wir leider erst gedacht haben, als wir das Manuskript längst schon abgegeben hatten.

… einander für die gute Zusammenarbeit.

Verena Koll möchte Arno, Jana und Sven danke sagen, mit denen ich meine Pausen am liebsten verbringe. Oma Elisabeth, Opa Joseph, Oma Marianne, Opa Ralf und all denen, die sich um unsere Kinder gekümmert haben, während ich recherchierte oder schrieb. Bodo Krüger, dem Chefredakteur der hannoverschen Neuen Presse, der mir die Freigabe erteilt hat zum Schreiben. Allen, mit denen ich Ideen austauschen konnte, vor allem Jutta und Martin, Roswitha und Friedhelm, dem großen Meister und Karin Widera, dem Stadtteiler-Stammtisch, insbesondere der kaz.